高职高专经济管理基础课系列教材

Python 财务应用

(微课版)

缪　静　刘东辉　主　编

李春华　米英杰　张国君　副主编

清华大学出版社
北京

内 容 简 介

本书从零基础入门学习者的角度出发，通过简洁的语言、丰富的课程思政元素，围绕 Python 在财务中的应用场景，搭配丰富多彩的财务实战案例，循序渐进地让学生在实践中学习，提升学生的数字化逻辑思维能力和实践探索能力。本书由 Python 基础知识和财务实战应用两个篇章构成。其中，Python 基础知识篇帮助零基础学习者解决 Python 入门的问题；财务实战应用篇通过探讨财务会计、税收筹划和财务管理方面的应用案例，帮助学生建立系统的数据分析思维，全面掌握 Python 数据分析流程，实现知行合一。

本书可作为高等学校和高等职业学校财经类专业、大数据与会计专业相关课程的教材。

图书在版编目(CIP)数据

Python 财务应用：微课版 / 缪静，刘东辉主编. 北京：清华大学出版社，2024. 12.
(高职高专经济管理基础课系列教材). -- ISBN 978-7-302-67811-3

Ⅰ. F275-39

中国国家版本馆 CIP 数据核字第 2024HH3833 号

责任编辑：石　伟
封面设计：杨玉兰
责任校对：李玉茹
责任印制：刘海龙

出版发行：清华大学出版社
　　　　　网　　　址：https://www.tup.com.cn, https://www.wqxuetang.com
　　　　　地　　　址：北京清华大学学研大厦 A 座　　　邮　　编：100084
　　　　　社 总 机：010-83470000　　　　　邮　　购：010-62786544
　　　　　投稿与读者服务：010-62776969, c-service@tup.tsinghua.edu.cn
　　　　　质量反馈：010-62772015, zhiliang@tup.tsinghua.edu.cn
　　　　　课件下载：https://www.tup.com.cn, 010-62791865
印 装 者：北京同文印刷有限责任公司
经　　销：全国新华书店
开　　本：185mm×260mm　　　印　张：13.25　　　字　数：319 千字
版　　次：2024 年 12 月第 1 版　　　印　次：2024 年 12 月第 1 次印刷
定　　价：49.00 元

产品编号：103254-01

前　言

党的二十大报告强调：数字经济是推动经济高质量发展的新引擎。随着企业数字化转型速度日益加快，数字化人才逐渐成为加快我国创新驱动发展、助推企业转型升级的核心竞争力。企业对数字化人才的需求量大幅增长，尤其是对具有创新能力的跨界复合型数字化人才的需求更加迫切。习近平总书记强调："教育兴则国家兴，教育强则国家强。"因此，培养造就大批德才兼备的创新复合型数字化人才，是国家和民族的长远发展大计。

本书从零基础入门学习者的角度出发，通过简洁的语言、丰富的课程思政元素，围绕Python在财务中的应用场景，搭配丰富多彩的财务实战案例，循序渐进地让学生在实践中学习，提升学生的数字化逻辑思维能力和实践探索能力。全书共分为上下两个篇章，上篇为Python基础知识篇，主要帮助零基础学生解决Python入门的问题，内容包含认识Python、Python基础语法、Python进阶语法、Nupmpy与Pandas数据分析和Matplotlib数据可视化五个项目；下篇为财务实战应用篇，通过将上篇所学的Python知识应用在财务工作领域，帮助学生提升财务实务应用和开发能力，主要内容包括职工薪酬、税收筹划、项目投资决策和上市公司财务报表分析四个项目，涵盖财会、税务和财务管理三大重要领域。

本书主要具有以下特点。

(1) 便捷和易用的财经类编程教材。本书采用通俗易懂、简洁有趣的语言帮助零基础学生快速理解并掌握Python知识，书中的案例和实训内容均有详细的代码思路解析，帮助学生轻松学习Python的有关内容。

(2) 丰富的课程思政元素。本书以知识点为载体，深入挖掘课程思政元素，在知识点、案例、实训中融入了丰富的课程思政元素，力求实现知识传授与价值引领。

(3) 财务实训案例丰富，强化Python在财务方面的应用。本书下篇围绕Python在财会、税务和财务管理中的应用场景，设计了由易到难的实训案例，有助于培养学生的数字化逻辑思维能力和实践探索能力。

(4) 配套资源丰富，自学超轻松。本书介绍了Python软件、Pandas模块、Matplotlib模块的安装和使用方法，每个项目均配有丰富的教学资源，包含创建在线学习平台的课程资料包、微课视频、习题库等。本书专为零编程基础的财经类专业学生编写，为了满足差异化学习需求，特别为学生提供了两类实训教学使用资源：一类实训资源中提供了不完整的代码，学生需要根据注释提示补充缺少的关键代码，然后运行程序完成任务；另一类实训资源中仅提供了详细注释，学生需要根据注释编写完整的代码运行程序并完成任务。

本书可作为高等本科学校、高等职业学校财经类、大数据与会计专业学生的课程教材。本书是重庆工商职业学院教材建设和校企合作的成果。本书由缪静、刘东辉担任主编，李春华、米英杰、张国君担任副主编，具体编写分工如下：缪静负责总纂与定稿，并编写了项目1、项目4、项目5、项目9，刘东辉编写了项目2、项目3，李春华和米英杰负责编写了项目6、项目7，张国君负责编写了项目8，熊舒羽负责审核与校正教材代码，新道科技股份有限公司眭召强全程参与编写并对下篇实训案例和实训演练的编写提供了宝贵的意见。

　　本书在编写过程中参考了国内外相关的文献，谨向这些文献的编著者和出版单位致以诚挚的感谢。由于编者水平有限，书中难免存在不足之处，衷心希望广大读者提出宝贵意见。

编　者

目　　录

电子课件获取方式

上篇　Python 基础知识

下篇　财务实战应用

上篇 Python 基础知识

Python 程序设计语言是当下最热门的程序语言之一，因其简洁、开源、高效和庞大的计算生态等特点，在大数据、数据分析和人工智能等领域得到了广泛应用。本篇主要帮助零基础学习者解决 Python 程序设计语言入门的问题，从零基础学习者的角度出发，通过简洁有趣的语言、丰富的课程思政元素，搭配典型的财务实战场景案例，让学生循序渐进地学习并掌握如何用程序代码解决财务问题，培养学生精益求精、追求卓越的工匠精神，提升学生的数字逻辑思维能力和实战解决问题的能力。

本篇包含认识 Python、Python 基础语法、Python 进阶语法、Numpy 和 Pandas 数据分析和 Matplotlib 数据可视化五个项目。"认识 Python"项目主要内容为 Python 概述、Python 软件安装、开发环境的配置和模块的安装；"Python 基础语法"项目主要介绍 Python 程序设计语言的基本语法规则和用法，解决零基础学习者的入门问题；"Python 进阶语法"项目主要介绍控制语句和函数，解决财务工作中的工资计算、固定资产折旧等问题。Python 进阶语法更多的是在 Python 的 Pandas 和 Matplotlib 两个模块中应用，因而 Pandas 数据分析和 Matplotlib 数据可视化是本篇的重点，"Numpy 和 Pandas 数据分析"项目介绍如何对财务数据进行读取、清洗、分析等操作，"Matplotlib 数据可视化"项目介绍如何将 Pandas 数据分析的结果，通过合适的图表进行可视化展现。

项目 1　认识 Python

【项目导读】

党的十九大报告中强调"就业是最大的民生"，这仍然是当下中国一个非常明确的民生实事。数字经济与实体经济的深度融合，不断催生出了新产业、新业态、新模式，进而衍生大量新就业形态，并成为创造就业的新增长点，同时数字经济依托的数字技术也为财务领域带来了深刻变革。Python 是一种开源、高效的动态语言，在财务领域具有极大优势。认识并掌握 Python 在财务中的运用，不仅会为创造就业岗位和促进充分就业助力，还将为在党的领导下实现社会主义现代化国家的奋斗目标助力。

【思维导图】

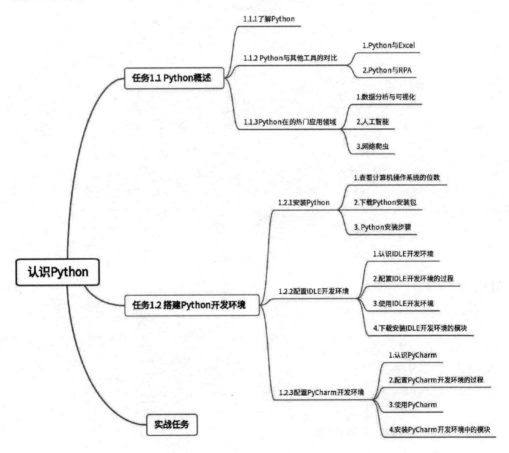

任务 1.1 Python 概述

Python 概述

1.1.1 了解 Python

Python 是 1989 年由荷兰人吉多·范·罗苏姆(Guido van Rossum)开发的一种面向对象的解释型高级编程语言。Python 的设计原则为优雅、明确、简单，网络上也流传着"人生苦短，我用 Python"的说法，可见 Python 有着语法简单、开发速度快、节省时间和容易学习的特点。Python 基于 C 语言开发，但是不再有 C 语言复杂的数据类型，Python 的简洁性让开发难度和代码长度大幅降低，开发任务大大简化。例如，完成图 1-1 所示的螺旋线，只需几行代码。

图 1-1 螺旋线

【示范代码】

```
import turtle
t = turtle.Pen()
for x in range(360):
    t.forward(x)
    t.left(59)
```

1.1.2 Python 与其他工具的对比

1. Python 与 Excel

Excel 上手难度低，对于只有少量数据的工作内容，Excel 可以便捷高效地满足工作要求；但数据量很大时，打开 Excel 就要一些时间，更别说操作数据透视表和 vlookup 函数了。相较于 Excel，Python 的学习成本和调试成本高，需要有一定的编程基础，适合处理大批量的结构化数据，具有更强的灵活性。例如，从 Wind 数据库中导出财务或交易数据，再用 Python 进行分析，就会事半功倍。

2. Python 与 RPA

RPA 是低代码开发语言，其重点是流程自动化，上手难度较低，适合复杂的客观判断场景，可以简便实现图像识别等人工智能功能，尤其擅长在系统之间搬运数据。而随着业务的复杂化，当 RPA 无法满足需求时，Python 的优势就显现出来了。Python 是一门全代码开发语言，提供了自定义代码块的功能，可以针对自身工作场景开发适用的个性化模块。除了可以实现数据分析及可视化功能外，在文本分析及通过机器人替代人为决策等功能上，Python 更具有无可替代的优势。此外，Python 以其强大的柔性，还可以配合其他工具，例如 Python+RPA、Python+Excel，达到"1+1>2"的效果。

1.1.3　Python 的热门应用领域

Python 作为一门编程语言，广泛应用于数据分析与可视化、网络爬虫和人工智能等方面，如图 1-2 所示。在以大数据、云计算、人工智能、区块链等为代表的数字技术的支持下，越来越多的企业在寻求数字化转型之路。现代数字技术推动企业转型的同时，也给财务领域带来深刻变革，由此带动传统财务向数字财务转型升级。Python 作为开源、高效的动态语言，在数据财务领域具有无可比拟的优势，对于大数据财务应用场景、挖掘数字价值具有重要作用。

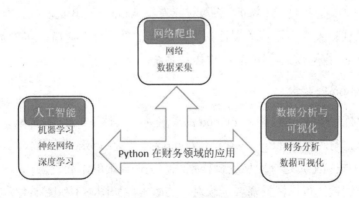

图 1-2　Python 的热门应用领域

1. 数据分析与可视化

数据分析是指从特定的问题开始，运用适当的统计分析方法对收集的大量数据进行分析，为提取有用信息和形成结论而对数据加以详细研究和概括总结。数据分析与可视化密不可分，数据分析先于可视化输入，而可视化又是呈现有效分析结果的重要方法。Python

作为数据分析的主流语言之一,有众多可视化模块库,可以为快速决策提供更为直观的数据支持。

2. 人工智能

Python 作为一门开源编程语言,拥有许多强大的人工智能库和框架,可以用于构建各种类型的人工智能模型,如机器学习、神经网络和深度学习等。同时 Python 提供了丰富的第三方库支持,如 Numpy、Pandas 等,可以高效地进行数据处理和分析。Python 通过简单的程序就可以轻松搭建神经网络、导入数据等,并且可以连续执行函数,高效构建各种人工智能应用场景,为人工智能的研究、开发和应用提供了坚实的基础,是人工智能开发中最常用的编程语言之一。

3. 网络爬虫

网络爬虫是大数据行业获取数据的核心工具,因能自动化、高智能、高效地获取互联网中免费、开放的数据而备受推崇。Python 是网络爬虫中最常用的编程语言,可以通过简洁灵活和多样化的语言来爬取网络数据,精准定位指定的信息内容,合理避免重复抓取、循环系统等问题。

任务 1.2　搭建 Python 开发环境

1.2.1　安装 Python

安装 Python

1. 查看计算机操作系统的位数

在 Windows 7 桌面找到"计算机"图标 (或者在 Windows 10 桌面找到"此电脑"图标),右击,在打开的快捷菜单中选择"属性"命令,弹出"系统"窗口,在"系统类型"字段处标识了本机是 64 位操作系统还是 32 位操作系统。

2. 下载 Python 安装包

在 Python 的官方网站可以下载 Python 的安装包,具体下载步骤如下。

打开浏览器,输入网址 https://www.python.org ,进入 Python 官方网站,将光标移动到 Downloads (下载)按钮上,选择对应的操作系统,进入详细的下载列表。下载列表中提供了各个版本的下载链接,可以根据需要下载对应的版本,如图 1-3 和图 1-4 所示。

本书建议选择 Python 3.7.1 版本,下载网址为 https://www.python.org/downloads/release/python-371/,建议下载 executable Installer 版本,如图 1-5 所示。

图 1-3　Python 官方网站

Python 3.7.1

Release Date: Oct. 20, 2018

Note: The release you are looking at is a **bugfix release** for the legacy **3.7** series which has now reached **end-of-life** and is no longer supported. See the downloads page fo supported versions of Python. The final source-only **security fix** release for 3.7 was 3.7.17.

Among the major new features in Python 3.7 are:

- PEP 539, new C API for thread-local storage
- PEP 545, Python documentation translations
- New documentation translations: Japanese, French, and Korean.
- PEP 552, Deterministic pyc files

图 1-4　下载列表

Files

Version	Operating System	Description	MD5 Sum	File Size	GPG
Gzipped source tarball	Source release		99f78ecbfc766ea449c4d9e7eda19e83	22802018	SIG
XZ compressed source tarball	Source release		0a57e9022c07fad3dadb2eef58568edb	16960060	SIG
macOS 64-bit/32-bit installer	Mac OS X	for Mac OS X 10.6 and later	ac6630338b53b9e5b9dbb1bc2390a21e	34360623	SIG
macOS 64-bit installer	Mac OS X	for OS X 10.9 and later	b69d52f22e73e1fe37322337eb199a53	27725111	SIG
Windows help file	Windows		b5ca69aa44aa46cdb8cf2b527d699740	8534435	SIG
Windows x86-64 embeddable zip file	Windows	for AMD64/EM64T/x64	74f919be8add2749e73d2d91eb6d1da5	6879900	SIG
Windows x86-64 executable installer	Windows	for AMD64/EM64T/x64	4c9fd65b437ad393532e57f15ce832bc	26260496	SIG
Windows x86-64 web-based installer	Windows	for AMD64/EM64T/x64	6d866305db7e3d523ae0eb252ebd9407	1333960	SIG
Windows x86 embeddable zip file	Windows		aa4188ea180a64a3ea87e72e09f4c097	6377805	SIG
Windows x86 executable installer	Windows		da24541f28e4cc133c53f0638459993c	25537464	SIG
Windows x86 web-based installer	Windows		20b16304193586287643370881 9c97db	1297224	SIG

图 1-5　选择下载版本

3. Python 安装步骤

Python 安装步骤如下。

步骤 1：下载完成后，双击.exe 可执行文件，弹出 Install Python 3.7.1(64-bit)安装界面，如图 1-6 所示。建议勾选安装界面中的 Add Python 3.7 to PATH 复选框，该选项表示将安装路径添加到 PATH 环境变量中，以方便在系统的各种环境中灵活使用 Python。然后选择 Customize installation(自定义安装位置)选项。

图 1-6　安装界面

步骤 2：弹出 Optional Features(可选功能)界面，建议将界面中所有的选项都勾选上，如图 1-7 所示，然后直接单击 Next 按钮。

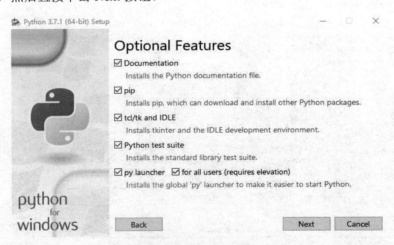

图 1-7　可选功能界面

步骤 3：进入 Advanced Options(高级选项)界面，建议将界面中所有的选项都勾选上，然后自定义安装目录，单击 Install 按钮，安装 Python 程序，如图 1-8 所示。等待安装完成，如图 1-9 所示。

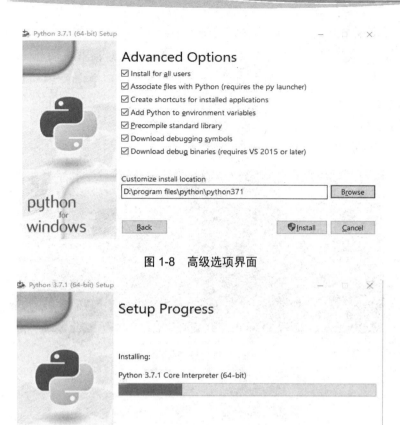

图 1-8 高级选项界面

图 1-9 安装等待界面

步骤 4：安装成功后会弹出 Setup was successful 界面，选择 Disable path length limit(禁用系统的 path 长度自动限制)选项，如图 1-10 所示。

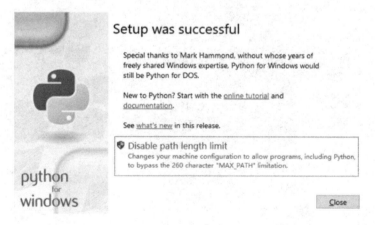

图 1-10 安装成功界面

步骤 5：在计算机中运行 cmd 命令，验证 Python 能否正常运行。

按 window+R 快捷键，如图 1-11 所示，弹出"运行"对话框。输入 cmd 命令并单击"确定"按钮，如图 1-12 所示，在打开的 cmd 命令程序窗口中输入"Python"并按 Enter 键，如果出现 Python 的版本号，并进入">>>"运行模式，则说明 Python 安装和环境配置成功。然后在窗口中输入"print("Hello World")"语句，可以看到程序下一行出现"Hello World"，表示 Python 程序能够正常运行，如图 1-13 所示。

图 1-11　按快捷键

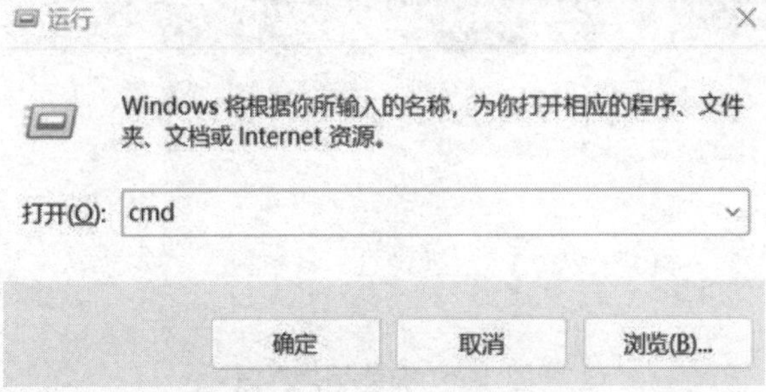

图 1-12　输入 cmd 命令

```
命令提示符 - python

Microsoft Windows [版本 10.0.22000.2416]
(c) Microsoft Corporation。保留所有权利。

C:\Users\LENOVO>python
Python 3.7.1 (v3.7.1:260ec2c36a, Oct 20 2018, 14:57:15) [MSC v.1915 64 bit (AMD64)] on win32
Type "help", "copyright", "credits" or "license" for more information.
>>> print("Hello World")
Hello World
>>>
```

图 1-13　运行 Python

配置 IDLE
开发环境

1.2.2　配置 IDLE 开发环境

1. 认识 IDLE 开发环境

IDLE 是 Python 系统自带的程序开发环境，是 Python 系统的一个标准程序包。安装

Python 软件的同时，也安装了 IDLE，为确保 IDLE 开发环境完整和功能扩展，需要配置环境变量以运行 Python，并安装额外的包来支持特定的编程需求。

2. 配置 pip 环境变量并验证安装结果

1）配置 pip 环境变量

步骤 1：右击"计算机"(或"此电脑")图标，在打开的快捷菜单中选择"属性"命令，打开"系统"窗口。

步骤 2：单击"高级系统设置"按钮，打开"系统属性"对话框；单击"环境变量"按钮，打开"环境变量"对话框。

步骤 3：在"环境变量"对话框中，找到"系统变量(S)"中的 Path 变量，双击打开"编辑环境变量"对话框。

步骤 4：在"编辑环境变量"对话框中，新增路径"D:\program files\python\python371\Scripts"，单击"确定"按钮退出。

配置 pip 环境变量的步骤如图 1-14 所示。

图 1-14　配置 pip 环境变量

2）验证 pip 环境变量安装结果

打开 cmd 命令窗口，输入 pip 语句，验证环境变量是否配置成功，如图 1-15 所示表示配置成功。

3. 使用 IDLE 开发环境

步骤 1：打开 IDLE 开发环境。找到 Python 安装位置，进入安装目录后，打开 Lib \ idlelib

文件夹，双击 idle 文件，便会弹出一个界面，如图 1-16 所示。

图 1-15　验证 pip 环境变量安装结果

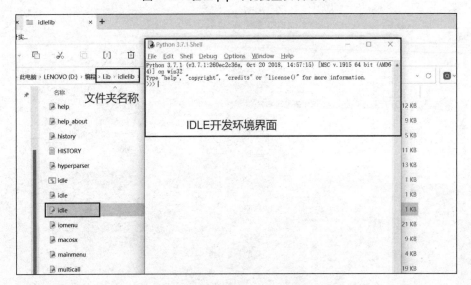

图 1-16　IDLE 开发环境界面

步骤 2：在 IDLE 开发环境界面中选择 File | New file 命令，创建新文件。然后在文件中编写代码，选择 Run | Run Module 命令，运行程序，如图 1-17 所示。

4. 下载安装 IDLE 开发环境的模块

在 cmd 命令窗口中输入 pip install 模块名称语句安装模块，然后输入 pip list 语句，查看是否已经成功安装模块。

接下来示范 Pandas 模块安装过程。首先，在 cmd 命令窗口中输入 pip install pandas 语句，如图 1-18 所示，然后输入 pip list 语句，查看是否成功安装模块。如果需要安装其他模块，操作方法与此一致。

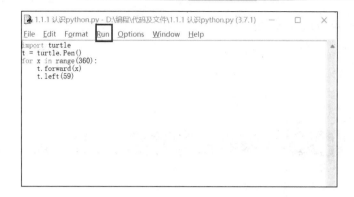

图 1-17　IDLE 开发环境编程界面

图 1-18　在 cmd 命令窗口中查看是否已经安装模块

配置 PyCharm
开发环境

1.2.3　配置 PyCharm 开发环境

1. 认识 PyCharm

PyCharm 是 Python 最好用的集成开发环境，可以实现跨平台应用，在 Mac OS 和 Windows 操作系统中都可以使用。目前，官网中的 PyCharm 分为两个版本：第一个版本是 Professional(专业版本)，主要是为 Python 和 Web 开发者准备的，该版本需要付费才能使用；第二个版本是社区版本，主要是为 Python 和数据专家准备的，该版本可以免费使用。本书介绍的是社区版本的下载和使用方法。

2. 配置 PyCharm 开发环境的过程

下载 PyCharm 的步骤如下。

步骤 1：在浏览器中输入 PyCharm 开发环境的下载网址 https://www.jetbrains.com/

pycharm/download/#section=windows，在打开的界面中可以看到 Download PyCharm 下有
Professional(专业版本)和 Community(社区版本)下载路径。单击 Community(社区版本)的
Download 按钮，安装社区版本，如图 1-19 所示。

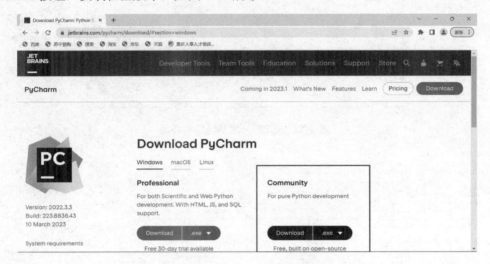

图 1-19　PyCharm 下载界面

步骤 2：双击下载的安装包，如图 1-20 所示。进入 Welcome to PyCharm Community
Edition Setup 安装界面，单击 Next 按钮，如图 1-21 所示。

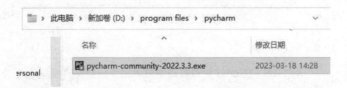

图 1-20　双击 PyCharm 安装包

图 1-21　PyCharm 开始安装界面

步骤 3：在 Choose Install Location(选择安装位置)界面中找到 Destination Folder 选项，单击 Browse 按钮，修改安装路径(本书演示时存放位置是 D 盘)。修改好后单击 Next 按钮，如图 1-22 所示。

图 1-22 选择安装位置界面

步骤 4：在弹出的 Installation Options(安装选项)界面，建议勾选全部选项，然后单击 Next 按钮，如图 1-23 所示。

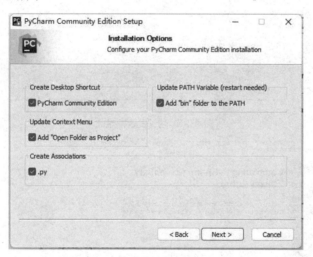

图 1-23 PyCharm 安装选项界面

步骤 5：在弹出的 Choose Start Menu Folder(选择开始菜单文件夹)界面中直接单击 Install 按钮，如图 1-24 所示。之后会进入 Installing(正在安装)界面，如图 1-25 所示。

步骤 6：最后会弹出 Completing PyCharm Community Edition Setup(完成 PyCharm 社区版本设置)界面，单击 Finish 按钮，重新启动计算机，完成 PyCharm 社区版本的安装，如图 1-26 所示。重新启动计算机后，计算机桌面上会有一个 PyCharm 图标，如图 1-27 所示。

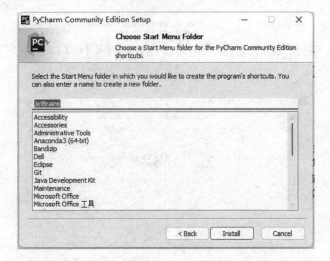

图 1-24　选择开始菜单文件夹界面

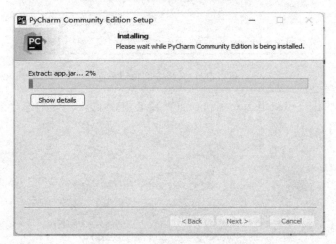

图 1-25　正在安装界面

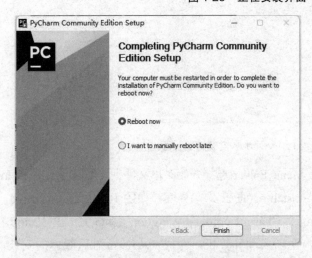

图 1-26　完成 PyCharm 社区版本设置界面

图 1-27　PyCharm 安装成功后的图标

3. 使用 PyCharm

PyCharm 的使用示例如下。

步骤 1：双击桌面上的 PyCharm 图标，进入软件后，弹出 PyCharm User Agreement(PyCharm 用户协议)界面，勾选 I confirm that I have read and accept the terms of this User Agreement 复选框，单击 Continue 按钮，如图 1-28 所示。

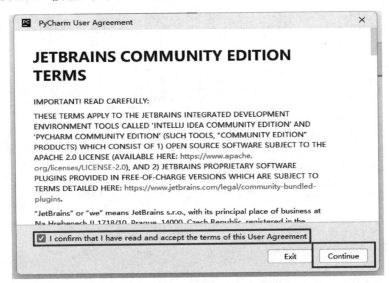

图 1-28　PyCharm 用户协议界面

步骤 2：在 PyCharm 界面中，单击中间的"+"按钮，新建项目，如图 1-29 所示。

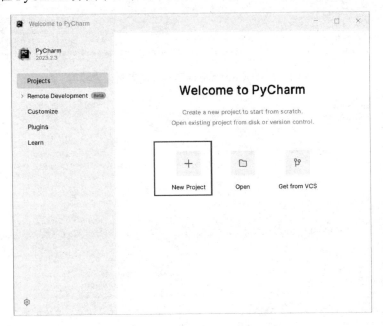

图 1-29　PyCharm 新建项目界面

步骤3：在弹出的 Create Project 界面中，Location 选项表示新建项目存放的位置和项目名称，本书示范的是将项目存放在 C 盘，项目名称为 pythonProject2。Python Interpreter. New Virtualenv environment 选项表示 Python 解释器中新的虚拟环境，默认使用 Python 的虚拟环境。如果出现 Interpreter field is empty，表示 Python 的环境变量有问题，可以用图 1-30 中的 Base interpreter 选项直接选择解释器的位置；如果 Base interpreter 选项中没有 python.exe，则单击 Base interpreter 选项最右侧的按钮，选择 Python 解释器所在的位置。完成以上操作后，单击 Create(创建)按钮，出现如图 1-31 所示的界面，则表示项目 pythonProject2 创建成功。

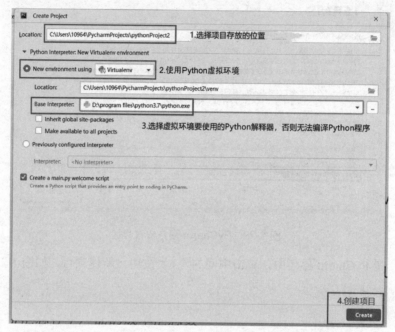

图 1-30　PyCharm 新建项目环境变量设置界面

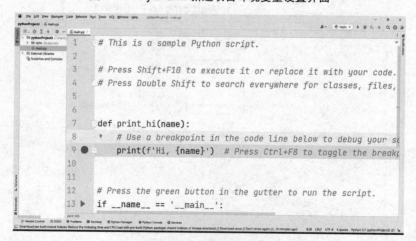

图 1-31　PyCharm 新建项目

步骤 4：在项目 pythonProject2 中创建 Python 文件。首先右击 pythonProject2 项目名称，选择 New | Python File 命令，如图 1-32 所示；然后会弹出一个如图 1-33 所示的窗口，在该窗口中输入文件名 test.py，选择 Python file，则文件名为 test.py 的 Python 文件创建成功；最后打开 test.py 文件，如图 1-34 所示。

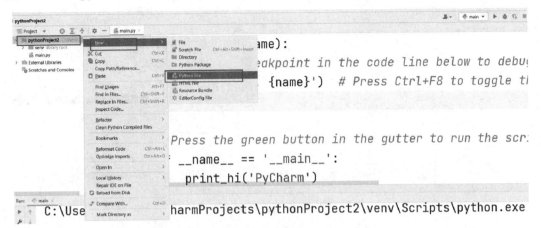

图 1-32　创建 Python 文件

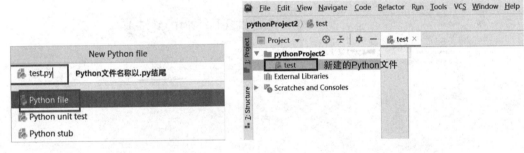

图 1-33　为 Python 文件命名　　　　　图 1-34　打开 Python 文件

步骤 5：在打开的 test.py 文件中输入"print("hello world!")"代码，在空白位置处右击，在弹出的快捷菜单中选择 Run 'test'命令，运行程序，如图 1-35 所示。在页面的左下角显示了代码运行的结果为"hello world!"，如图 1-36 所示。

4. 安装 PyCharm 开发环境中的模块

在 test.py 文件中运行"print("hello world!")"代码后，在运行结果界面的最下方编辑器中单击 Terminal(终端)按钮，如图 1-37 所示。在弹出的如图 1-38 所示的窗口中输入 pip3 install pandas 语句，完成 Pandas 模块的安装。安装 Numpy 模块的语句是"pip3 install numpy"，如图 1-39 所示。

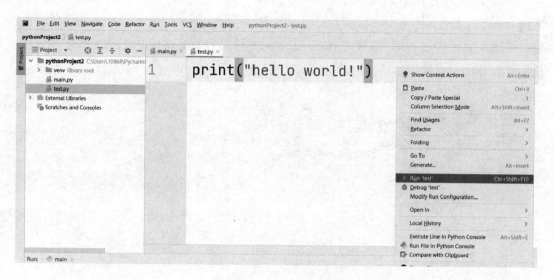

图 1-35　运行代码界面

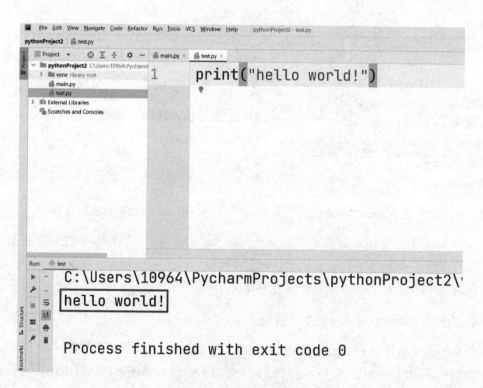

图 1-36　代码运行结果

图 1-37　单击 Terminal(终端)按钮

```
PS C:\Users\10964\PycharmProjects\pythonProject2> pip3 install pandas
 (from pandas) (1.26.1)                           安装Pandas的指令
Requirement already satisfied: six>=1.5 in d:\anaconda\lib\site-packages (fro
m python-dateutil>=2.8.2->pandas) (1.16.0)
Installing collected packages: pandas
Successfully installed pandas-2.1.1
PS C:\Users\10964\PycharmProjects\pythonProject2>
```

图 1-38　在 PyCharm 开发环境中安装 Pandas 模块

```
PS C:\Users\10964\PycharmProjects\pythonProject2> pip3 install numpy
Collecting numpy
  Using cached numpy-1.26.1-cp39-cp39-win_amd64.whl (15.8 MB)
Installing collected packages: numpy
```

图 1-39　在 PyCharm 开发环境中安装 Numpy 模块

　　安装 Matplotlib 模块的语句是 pip3 install matplotlib。如果在安装 Matplotlib 模块时出现如图 1-40 所示的红色文本，则表示没有对应版本库，需要指定版本重新进行安装。此时只需输入 pip3 install matplotlib==3.1.3 命令，即可成功安装 Matplotlib 模块，如图 1-41 所示。

```
PS C:\Users\10964\PycharmProjects\pythonProject2> pip3 install matplotlib
Collecting matplotlib
  Downloading matplotlib-3.8.0-cp39-cp39-win_amd64.whl (7.6 MB)
                                    | 1.3 MB 22 kB/s eta 0:04:45
```

图 1-40　在 PyCharm 开发环境中安装 Matplotlib 模块提示错误

```
PS C:\Users\10964\PycharmProjects\pythonProject2> pip3 install matplotlib==3.1.3
Collecting matplotlib==3.1.3
  Downloading matplotlib-3.1.3.tar.gz (40.9 MB)
  |                                    | 870 kB 37 kB/s eta 0:17:56
```

图 1-41 在 PyCharm 开发环境中安装 Matplotlib 模块

完成以上操作后，可以新建 Python 文件，验证是否已经成功安装 Pandas、Numpy 和 Matplotlib 模块。如图 1-42 所示，在 test.py 文件中编写如图 1-43 所示的代码并运行程序。如果程序正常运行并输出"以上工具都安装成功！"，则表示安装成功。

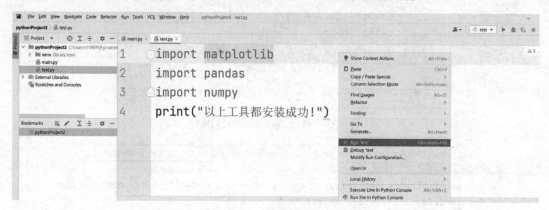

图 1-42 编写程序

```
D:\anaconda\python.exe C:\Users\10964\PycharmProjec
以上工具都安装成功！

Process finished with exit code 0
```

图 1-43 模块安装成功提示

【实战任务 1】

根据项目 1 的内容，完成 Python 软件、开发环境，以及 Pandas、Numpy、Matplotlib 模块的安装任务。

【实战任务 2】

五星红旗是中华人民共和国的国旗，它是由四颗小的黄色五角星和一颗大的黄色五角星组成的，底色为红色。请根据本书中给定的代码，来体验绘制五星红旗的过程，以致敬伟大的祖国(源码位置：资源包\实战任务答案)。

【知识测试】

一、单选题

1. Python 诞生于(　　)年。

    A. 2000　　　　　　B. 1991　　　　　C. 1989　　　　　D. 2008

2. 以下(　　)不是 Python 数据分析库。

    A. Numpy　　　　　B. Pandas　　　　C. Spring　　　　D. Matplotlib

3. Python 脚本文件的扩展名为(　　)。

    A. .pt　　　　　　B. .py　　　　　　C. .pg　　　　　D. .txt

4. 在处理数量庞大的数据时，应优先使用(　　)。

    A. Excel　　　　　B. Word　　　　　C. Python　　　　D. Text

5. Python 之父是(　　)。

    A. 詹姆斯·高斯林　　　　　　　B. 吉多·范·罗苏姆

    C. 丹尼斯·里奇　　　　　　　　D. 本贾尼·斯特劳斯特卢普

二、多选题

1. Python 的应用领域包括(　　)。

    A. 设备驱动程序的编写　　　B. 网络爬虫　　　　C. 云计算

    D. 数据分析　　　　　　　　E. 人工智能

2. 可以进行 Python 代码编写的工具是(　　)。

    A. Sublime Text　　　　　B. IDLE　　　　　C. PyCharm

    D. MySQL　　　　　　　　E. Geany

3. Python 的集成开发环境一般有(　　)。

    A. 编辑器　　　　　　　　B. 编译器　　　　　C. 调试器

    D. 命令行终端　　　　　　E. 解释器

4. 可以用 Python 读取的文件有(　　)。

    A. 天气数据　　　　　　　B. 交通数据　　　　　C. 文学作品

    D. 财务报表　　　　　　　E. 社会经济数据

5. 下面属于 Python 特性的是(　　)。

    A. 没有漏洞

    B. 平台无关：Python 程序可以在任何安装了解释器的操作系统环境中执行

    C. 可扩展性：Python 语言能够集成 C、C++等语言编写的代码

    D. 属于低级语言

    E. 开源免费

三、判断题

1. Python 是一种解释类型的编程语言。 （   ）

2. 编程语言是一种人类和计算机都能够识别的语言。 （   ）

3. 安装 Python 是指安装计算机编程语言。 （   ）

4. Python 相对于 Excel，具有更强的灵活性，特别是在大数据批量处理方面。 （   ）

5. 在 IDLE 中写好程序后，想要快速执行程序，应按 F5 键。 （   ）

项目 2　Python 基础语法

【项目导读】

　　职业素养是职业道德规范中最核心的元素。通过本项目的学习，学生应当掌握 Python 基本语法，熟悉 Python 基本语法规则，培养规范编写代码和为变量命名的习惯，合理运用注释和基本数据类型，提高自身的职业和专业素养水平。

【思维导图】

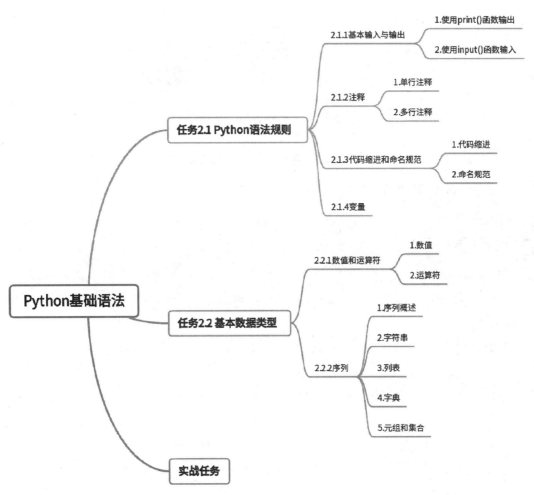

任务 2.1 Python 语法规则

Python
语法规则

2.1.1 基本输入与输出

常用的输入和输出设备有很多，扫描仪、话筒、键盘等都是输入设备。输入信息经过计算机处理后，在显示器或打印机等终端进行输出显示，如图 2-1 所示。而基本的输入和输出是指在键盘上输入字符和在鼠标上进行的操作，在屏幕上输出显示或通过打印机打印。

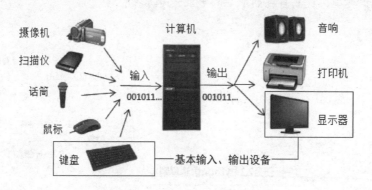

图 2-1 常用的输入与输出设备

1. 使用 print()函数输出

在 Python 中，使用内置函数 print()可以将结果输出到 IDLE 或标准控制台上。print()函数的语法格式如下：

```
print(输出内容)
```

其中，输出内容可以是数字和字符串(字符串需要用引号括起来)，也可以是包含运算符的表达式。

【例 2-1】 请在 IDLE 平台上分别输出以下内容：

① hello python；

② 树立共产主义远大理想和中国特色社会主义共同理想；

③ 100+200 的运算结果；

④ 库存现金=200。

【示范代码】

```
#请输出hello python
print('hello python')
#请输出树立共产主义远大理想和中国特色社会主义共同理想
print('树立共产主义远大理想和中国特色社会主义共同理想')
```

```
#请输出 100+200 的运算结果
print(100+200)
#请输出库存现金=200
print('库存现金=',200)
```

【运行结果】

```
hello python
树立共产主义远大理想和中国特色社会主义共同理想
300
库存现金=200
```

2. 使用 input()函数输入

在 Python 中，使用内置函数 input()可以接收用户的键盘输入。无论用户输入什么内容，返回的结果都是字符串类型。input()函数的语法格式如下：

```
input('提示文字')
```

【例 2-2】请使用 input()函数输入"请输入一个社会主义核心价值观的词语"，让用户在显示台中输入指定内容。

【示范代码】

```
#请输入一个社会主义核心价值观的词语
input('请输入一个社会主义核心价值观的词语')
```

【运行结果】

运行结果如图 2-2 所示。

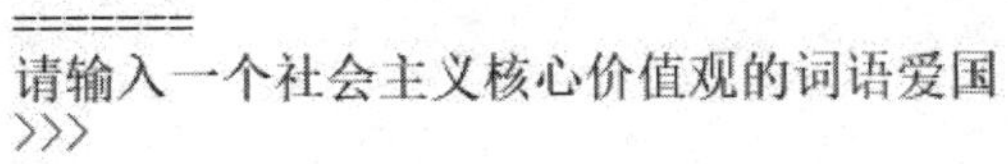

```
=======
请输入一个社会主义核心价值观的词语爱国
>>>
```

图 2-2　显示台提示让用户输入指定内容

2.1.2　注释

注释是指在代码中对代码的功能进行解释说明的标注性文字，它可以出现在代码中的任何位置。在执行 Python 程序时，注释会被忽略，不会在执行结果中显示，就好像它不存在一样。注释最大的作用是提高程序的可读性。在工作中，为自己的代码添加合理的注释，

可极大地降低同事间沟通交流的成本。如果没有注释，过一段时间后，也许自己都不清楚当时写这段代码的思路。在 Python 中，注释分为单行注释和多行注释。

1. 单行注释

在 Python 中，使用"#"作为单行注释的符号。从符号"#"开始直到换行为止，其后面的内容都作为注释的内容而被忽略。

单行注释的语法格式如下：

```
#注释内容
```

【例 2-3】在 IDLE 开发环境下，单行注释放在被注释代码的前一行或被注释代码的右侧，如图 2-3 所示。

图 2-3　单行注释示例

2. 多行注释

在 Python 中，多行注释通常用来为 Python 文件、模块或者函数等解释功能、说明版权；多行注释也经常用来解释代码中重要的函数或参数，以便于后续开发者的维护。多行注释由一对三个单引号('''…''')或一对三个双引号("""…""")构成，且允许代码分行编写。多行注释的语法格式如下：

```
'''
注释内容1
注释内容2
注释内容3
'''
```

或者

```
"""
注释内容1
注释内容2
注释内容3
"""
```

【例 2-4】在 IDLE 开发环境下，用一对三个单引号对多行注释的内容进行注释，也可以使用一对三个双引号对内容进行多行注释，如图 2-4 所示。

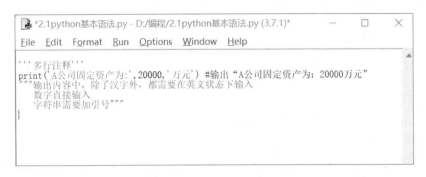

图 2-4 多行注释示例

2.1.3 代码缩进和命名规范

1. 代码缩进

Python 用代码缩进区分代码之间的层次。缩进可以使用空格键或 Tab 键实现。使用空格键时，通常以 4 个空格为一个缩进量；使用 Tab 键时，按一次为一个缩进量，通常情况下建议采用空格键进行缩进。如图 2-5 所示，"自定义直线法折旧函数"代码块下包含的代码内容前面需要缩进 4 个空格，在代码块嵌套的 for…in 循环中，包含的代码也需要缩进 4 个空格。

```
#导入pandas模块
import pandas as pd
pd.options.display.float_format="{:.2f}".format
import warnings
warnings.filterwarnings("ignore")

#自定义直线法折旧函数
def dep_line(amount,life,salvage,benefit,ratio):
    #计算直线法下的年折旧额
    #折旧抵税
    lose=amount*(1-salvage)/life
    #折旧抵税现值
    getback=lose*ratio
    #初始累计折旧抵税现值
    getback_all=0
    list_line = []
    for i in range(1,life+1):
        dicount=1/(1+benefit)**i
        getback_year = getback*dicount
        getback_all=getback_all+getback_year
        list_line.append([i,lose,lose*i,getback,dicount,getback_year,getback_all])
    return pd.DataFrame(list_line,columns=['年份','折旧','累计折旧','折旧抵税','折现系数','折旧抵税现值','累计折旧抵税现值'])
```

图 2-5 代码缩进示例

Python 中对代码缩进量要求非常严格，同一个级别的代码缩进量必须相同。如果采用不合理的代码缩进量，程序将抛出 SyntaxError 异常。例如，若代码中有的缩进量是 4 个空格，有的缩进量是 3 个空格，就会出现 SyntaxError 异常。如图 2-6 所示，if 条件语句下包含的代码块缩进量不同，因而程序报错。

图 2-6   不合理的代码缩进量导致程序报错

2. 命名规范

命名规范在代码编写中起着很重要的作用。虽然程序不遵循命名规范也可以运行，但是规范的命名可以更加直观地表明代码所代表的含义。表 2-1 详细地介绍了变量、常量名、函数名和模块名的命名规范。

表 2-1   命名规范

类　型	规　　则	示　例
变量	小驼峰式命名法：第一个单词以小写字母开头，后续单词的首字母大写	ownersEquity(所有者权益)
	大驼峰式命名法：每一个单词的首字母都大写	OwnersEquity(所有者权益)
常量名	全部用大写字母，可以使用下画线。在程序运行过程中，值不能改变的量称为常量。比如居民身份证号、圆周率，这些值都不会发生改变，可以定义为常量	SPEED(调节速度) MAX_SPEED(最大调节速度)
函数名	全部使用小写字母，单词之间用下画线隔开	debt_asset_ratio(资产负债比)
模块名	全部使用小写字母	pandas、matplotlib

2.1.4   变量

在 Python 中，变量严格意义上应该称为"名字"，也可以理解为标签。当把一个值赋给一个名字，如把值"学会 python 可以提高财会工作效率"赋给 python 时，python 就称为变量。这个过程就像快递员取快递一样，内存就像一个巨大的货物架，在 Python 中定义变量就如同给快递盒子贴标签。快递存放到货物架上,上面附着写有客户名字的标签。当客户来取快递时,并不需要知道它们存放在货架的具体位置,只需要提供客户的名字,快递员就会把快递交给客户。

　　变量也一样,只需要记住存储变量时所用的名字,再使用这个名字即可,而无须准确知道变量的信息存储在内存中的位置。变量命名需要遵循以下原则:

● 变量名区分大小写。

● 变量通常采用字母、下画线、数字、汉字等字符及其组合进行命名,且变量名首字符不能是数字。

● 变量命名要有具体意义且易于理解,比如将"资产"命名为 asset。

● 在给变量命名时,不能使用 Python 关键字。

Python 关键字查询方法如下。

【示范代码】

```
import keyword
print(keyword.kwlist)
```

【运行结果】

```
['False', 'None', 'True', 'and', 'as', 'assert', 'async', 'await', 'break',
'class', 'continue', 'def', 'del', 'elif', 'else', 'except', 'finally', 'for',
'from', 'global', 'if', 'import', 'in', 'is', 'lambda', 'nonlocal', 'not',
'or', 'pass', 'raise', 'return', 'try', 'while', 'with', 'yield']
```

　　为变量赋值可以通过等号"="来实现。同一变量可以被反复赋值,并且可以转换为不同的数据类型。对同一变量进行多次赋值时,每一次赋值都会覆盖原来的值。变量赋值语法格式如下:

```
变量名 = value
```

　　【例 2-5】 定义变量 data 并进行赋值运算,然后输出运算结果。程序首先使用 type()函数查询 data 数据类型,再为变量 data 重新赋值(值为"资产负债表",格式为字符串),并输出运算结果,然后使用 type()函数查询 data 数据类型。

【示范代码】

```
#定义变量 data,赋值运算表达式
data = 100+20
#输出结果
print(data)
#显示 data 数据类型
print(type(data))
#将变量 data 重新赋值,格式为字符串
```

```
data = '资产负债表'
#输出结果
print(data)
#显示 data 数据类型
print(type(data))
```

【运行结果】

```
120
<class 'int'>
资产负债表
<class 'str'>
```

任务 2.2 基本数据类型

在财会工作中，财务人员每天都要接触各种财务数据，比如工资、财务指标等。那么在 Python 中，这些数据都是以什么类型进行存储和处理的呢？Python 中常见的数据类型有数值、字符串、列表、字典、元组、集合等。下面将学习这些基本的数据类型。

2.2.1 数值和运算符

1. 数值

在 Python 中常见的数值类型包括整数(int)、浮点数(float)和布尔型(bool)。

1) 整数

整数用来表示整数数值，包含正整数、负整数和 0，例如 1、-2 等。

2) 浮点数

浮点数由整数和小数点组成，主要用于处理包括小数的数，例如 1.143、0.57、-1.568 等。

3) 布尔型

布尔型只有真(True)和假(False)，可以理解为特殊的整数型数值(True=1，False=0)。

【例 2-6】 分别定义变量 a、b、c、d，并分别赋值为 1 000、13.15、5>2、3<1，然后使用 type()函数查询 a、b、c、d 的数据类型。

【示范代码】

```
#定义变量 a、b、c、d
a = 1000
b = 13.15
c = 5>2
d = 3<1
#使用 type()函数查询变量的数据类型
```

```
print(type(a))
print(type(b))
print(type(c))
print(type(d))
```

【运行结果】

```
<class 'int'>
<class 'float'>
<class 'bool'>
<class 'bool'>
```

2. 运算符

运算符是一种特殊的符号，主要用于数学计算、比较大小和逻辑运算。Python 中的运算符主要包括算术运算符、赋值运算符、比较运算符、逻辑运算符。使用运算符将不同类型的数据按照一定的规则连接起来的式子，称为表达式。例如，使用算术运算符连接起来的式子称为算术表达式，使用逻辑运算符连接起来的式子称为逻辑表达式。

1)　算术运算符

算术运算符是处理四则运算的符号，常见的算术运算符如表 2-2 所示。

表 2-2　算术运算符

运　算　符	说　　明	实　　例	结　　果
+	加	13.14+10	23.14
−	减	13.14−10	3.14
*	乘	5*3.6	18.0
/	除	7/2	3.5
%	求余	7%2	1
//	取整数，返回商的整数部分	7//2	3
**	幂，即返回 x 的 y 次方	2**4	16，即 2^4

2)　赋值运算符

赋值运算符主要用来为变量赋值，可以直接把基本赋值运算符"="右边的值赋给左边的变量，也可以在进行某些运算后再赋给左边的变量。常用的赋值运算符如表 2-3 所示。

表 2-3　赋值运算符

运　算　符	说　　明	举　　例	展开形式
=	简单的赋值运算	x=y	x=y
+=	加赋值	x+=y	x=x+y
*=	乘赋值	x*=y	x=x*y
/=	除赋值	x/=y	x=x/y

运 算 符	说 明	举 例	展开形式
%=	取余数赋值	x %=y	x=x%y
**=	幂赋值	x **=y	x=x**y
//=	取整数赋值	x //=y	x=x//y

注意，将"="和"=="混淆是编程中最常见的错误之一，其中，"="是赋值运算符，"=="是比较运算符。

【例 2-7】定义变量 x，赋值为 1，输出结果和数据类型；定义变量 y，赋值为 3，输出结果和数据类型；将变量 x 和 y 进行比较，并输出比较结果和数据类型。

【示范代码】

```
#定义变量 x，并赋值 1
x=1
#输出结果和数据类型
print(x)
print(type(x))
#定义变量 y，并赋值 3
y=3
#输出结果和数据类型
print(y)
print(type(y))
#将 x 和 y 进行比较，并输出比较结果和数据类型
print(x==y)
print(type(x==y))
```

【运行结果】

```
1
<class 'int'>
3
<class 'int'>
False
<class 'bool'>
```

3）比较运算符

比较运算符也称为关系运算符，用于对变量或表达式的结果进行大小、真假等比较。如果比较结果为真，就返回 True；如果比较结果为假，则返回 False。比较运算符通常在条件语句中作为判断的依据。Python 中的比较运算符如表 2-4 所示。

表 2-4　比较运算符

运 算 符	说 明	举例(x=5，y=2)	结 果
>	大于	x>y	True
<	小于	x<y	False
==	等于	x==y	False
!=	不等于	x!=y	True
>=	大于或等于	x>=y	True
<=	小于或等于	x<=y	False

在 Python 中，当判断一个变量是否介于两个值之间时，可以采用"值 1<变量<值 2"的形式，如"0<a<100"。

4)　逻辑运算符

逻辑运算符是对真和假两种布尔值进行运算，运算结果仍是一个布尔值。Python 中逻辑运算符的用法和说明如表 2-5 所示。

表 2-5　逻辑运算符

运 算 符	含 义	描 述	示例(x=True，y=False)
and	逻辑与	只有 x 和 y 都为 True，才返回 True，否则返回 False	x and y 返回 False
or	逻辑或	只要 x 和 y 任意一个为 True，就返回 True，否则返回 False	x or y 返回 True
not	布尔非	如果 x 为 True，就返回 False，否则返回 True	not x，返回 True

5)　运算符优先级

运算符的优先级是指哪一个运算符先计算，哪一个运算符后计算，与数学四则运算遵循的"先乘除，后加减"是一个道理。

Python 运算符的运算规则是：优先级高的运算先执行，优先级低的运算后执行，同一优先级的运算按照从左到右的顺序进行。也可以使用小括号，括号内的运算最优先执行，所以使用"()"限定运算顺序，可以避免运算顺序出错。表 2-6 按从高到低的顺序列出了运算符的优先级，同一行中的运算符具有相同的优先级，此时它们的结合方向决定求值顺序。

表 2-6　运算符的优先级

运 算 符	说 明
**	幂
~ 、+、-	取反、正号、负号
*、/、%、//	算术运算符
+、-	算术运算符
<、<=、>、>=、!=、==	比较运算符

2.2.2　序列

序列

在数学中，序列也称为数列，是指按照顺序排列的一列数。而在程序设计中，序列是一种常用的数据存储方式，C、Java 等程序设计语言中都提供了类似的数据结构。

1. 序列概述

序列是一块用于存放多个值的连续内存空间，值按照一定的顺序排列，且每一个值(称为元素)都分配了一个数字，称为索引或位置。通过该索引可以取出相应的值。例如，我们可以把一家酒店看作一个序列，那么酒店里的每个房间都可以看成这个序列的元素，房间号就相当于索引，可以通过房间号找到对应的房间。序列的常用操作如下。

1)　索引

序列中的每一个元素都有一个编号，也称为索引。Python 有正索引和负索引两种形式。正索引是从左向右计数，值从 0 开始递增，即下标为 0 表示第一个元素，下标为 1 表示第 2 个元素，依此类推，如图 2-7 所示。

图 2-7　序列的正索引

负索引是从右向左计数，也就是从最后一个元素开始计数，即最后一个元素的索引值是-1，倒数第二个元素的索引值是-2，依此类推，如图 2-8 所示。

图 2-8　序列的负索引

注意，在采用负数作为索引值时，是从-1 开始，而不是从 0 开始，即最后一个元素的下标为-1，这是为了防止与正索引的第一个元素重合。

【例 2-8】通过索引可以访问序列中的任何元素。定义包含"富强""民主""文明""和谐""倡导自由""平等"和"公正" 7 个字符串元素的序列 Socialist_values，分别输出字符串元素"富强""文明""公正"。

【示范代码】

```
#定义包含 7 个元素的序列 Socialist_values
socialist_values=['富强','民主','文明','和谐','倡导自由','平等','公正']
#输出字符串元素'富强'
```

```
print(socialist_values[0])
#输出字符串元素'文明'
print(socialist_values[2])
#输出字符串元素'公正'
print(socialist_values[-1])
```

【运行结果】

```
富强
文明
公正
```

2)　切片

切片操作是访问序列中元素的另一个方法，用于访问一定范围内的元素。通过切片操作，可以生成一个新序列。实现切片操作的语法格式如下：

```
sname[start:end:step]
```

参数说明如下。

● sname：表示序列名称。

● start：表示切片开始位置(包含该位置)，如果不指定，则默认为 0。

● end：表示切片截止位置(不包含该位置)，如果不指定，则默认为序列的长度。

● step：表示切片步长，如果省略，则默认为 1；当省略该步长时，最后一个冒号也可以省略。

如果复制整个序列，可以将 start 和 end 参数都省略，但是中间的冒号需要保留。例如，list[::] 就表示复制整个名称为 list 的序列。

【例 2-9】承例 2-8，使用切片分别输出"文明""和谐""倡导自由"三个字符串，再以步长为 2 进行取值，最后输出整个序列的值。

【示范代码】

```
#定义包含 7 个元素的序列 socialist_values
socialist_values=['富强','民主','文明','和谐','倡导自由','平等','公正']
#输出"文明""和谐""倡导自由"
print(socialist_values[2:5])
#以步长为 2 进行取值
print(socialist_values[0::2])
#输出整个序列
print(socialist_values[:])
```

【运行结果】

```
['文明', '和谐', '倡导自由']
['富强', '文明', '倡导自由', '公正']
```

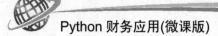

> ['富强', '民主', '文明', '和谐', '倡导自由', '平等', '公正']

3) 序列相加

Python 支持两个相同类型的序列相加,即两个序列连接可使用"+"运算符实现。

【例 2-10】定义变量会计科目(account),赋值"库存现金""银行存款""其他货币资金";定义变量科目代码(subject_code),赋值 1001、1002、1012;使用序列相加操作,连接变量 account 和 subject_code,并输出运行结果。

【示范代码】

```
#定义会计科目
account = ['库存现金','银行存款','其他货币资金']
#定义科目代码
subject_code=['1001','1002','1012']
#连接会计科目和科目代码
print(account+subject_code)
```

【运行结果】

> ['库存现金', '银行存款', '其他货币资金', '1001', '1002', '1012']

在进行序列相加时,相同类型的序列是指同为列表、字符串或字典,序列中的元素类型可以不相同,但列表和字符串不能相加,如例 2-11 与例 2-12 所示。

【例 2-11】承例 2-10,定义变量会计科目对应期初余额(opening_balance),赋值 1 000、2 000、500。使用序列相加的方法连接变量 account 和 opening_balance 并输出结果。

【示范代码】

```
#定义会计科目对应的期初余额
opening_balance = [1000,2000,500]
#连接会计科目和期初余额
print(account+opening_balance)
```

【运行结果】

> ['库存现金', '银行存款', '其他货币资金', 1000, 2000, 500]

【例 2-12】使用序列相加,将字符串"会计科目是"与变量 account 进行连接,并输出结果。此时程序报错。

【示范代码】

```
#定义会计科目
account = ['库存现金','银行存款','其他货币资金']
print('会计科目是'+account)
```

【运行结果】

运行结果如图 2-9 所示。

```
Traceback (most recent call last):
  File "D:\编程\2.2python基本数据类型.py", line 67, in <module>
    print('会计科目是'+account)
TypeError: can only concatenate str (not "list") to str
>>>
```

图 2-9　程序报错

4)　序列相乘

在 Python 中，使用数字 *n* 乘以一个序列，会生成新的序列，新序列的内容为原来序列被重复 *n* 次的结果。如例 2-13 所示，将一个序列乘以 3，将生成一个新的序列并输出，从而达到"重要的事情说三遍"的效果。

【例 2-13】定义变量 balance，使用序列相乘的方法将 balance 结果输出三遍。

【示范代码】

```
#定义变量balance
balance = ['资产=负债+所有者权益']
#将结果输出三遍
print(balance*3)
```

【运行结果】

```
['资产=负债+所有者权益', '资产=负债+所有者权益', '资产=负债+所有者权益']
```

5)　检查某个元素是不是序列的成员(元素)

在 Python 中，可以使用 in 关键词检查某个元素是不是序列的成员，即检查某个元素是否包含在该序列中。语法格式如下：

```
value in sequence
```

参数说明如下。

● 　value：表示要检查的元素。

● 　sequence：表示指定的序列。

也可以使用 not in 关键词检查某个元素是否不包含在指定的序列中。

【例 2-14】承例 2-8，分别检查字符串变量"民主""和谐"是否包含在变量 socialist_values 中，并输出运行结果。

【示范代码】

```
#定义包含7个元素的序列Socialist_values
socialist_values=['富强','民主','文明','和谐','倡导自由','平等','公正']
```

```
#检查"民主"是否包含在socialist_values中
print('民主' in socialist_values)
#检查"和谐"是否不包含在socialist_values中
print('和谐' not in socialist_values)
```

【运行结果】

```
True
False
```

在 Python 中，序列是最基本的数据结构，是一块用来存放多个值的连续内存空间。Python 中内置了 5 个常用的序列结构，分别是字符串、列表、字典、元组和集合。

2. 字符串

字符串是由字母、数字、符号等一系列字符组成的，是用来表示文本的一种数据类型。字符串几乎是所有编程语言在项目开发过程中涉及最多的一部分内容，大部分项目的运行结果都需要以文本的形式展示给用户，比如财务系统的总账报表、明细账等。

字符串

1）创建字符串

在 Python 中，可以使用单引号或双引号创建字符串。连续三个单引号或者双引号，可以创建多行字符串。

【例 2-15】定义变量 a，赋值为"富强"，类型为字符串，要求输出结果和显示类型。

【示范代码】

```
#定义变量a，赋值为"富强"，类型为字符串
a ='富强'
#输出结果
print(a)
#输出结果格式类型
print(type(a))
```

【运行结果】

```
富强
<class 'str'>
```

2）字符串的操作

字符串的操作主要有拼接字符串、重复输出字符串、计算字符串长度和切片 4 种，表 2-7 详细地介绍了 4 种操作方式的语法格式。

表 2-7　字符串操作

操作名称	语法格式或操作描述
拼接字符串	使用 "+" 运算符可完成多个字符串的拼接，并生成一个字符串对象
重复输出字符串	使用 "*" 运算符可重复输出字符串
计算字符串长度	len(string) 其中，string 表示统计长度的字符串。通过 len()函数计算字符串的长度，不区分英文、数字和汉字，所有字符都认为是一个长度
切片	string[start:end:step] 参数说明如下。 ● string：表示提取的字符串； ● start：表示提取第一个字符的索引(包含该索引)，如果不指定则默认为 0； ● end：表示提取最后一个字符的索引(不包含该索引)，如果不指定则默认为字符串长度； ● step：表示切片长度，如果省略，则默认为 1，当省略该步长时，最后一个冒号也可以省略； 字符串索引同序列索引一样，也是从 0 开始，并且每个字符占一个位置

【例 2-16】定义变量 sentences，赋值为"资产负债表是"；定义变量 sentences1，赋值为"反映企业在某一特定日期财务状况的报表"，然后完成以下操作：

①　将变量 sentences 和 sentences1 进行拼接，并输出结果。

②　计算变量 sentences 字符串长度。

③　提取变量 sentences 中的字符串"负债"。

④　提取变量 sentences1 中的字符串"财务状况"。

【示范代码】

```
#定义变量 sentences
sentences = '资产负债表是'
#定义变量 sentences1
sentences1 = '反映企业在某一特定日期财务状况的报表'
#拼接字符串
print(sentences+sentences1)
#计算字符串长度
print(len(sentences))
#提取负债
print(sentences[2:4])
#提取财务状况
print(sentences1[-7:-3])
```

【运行结果】

资产负债表是反映企业在某一特定日期财务状况的报表

| 6 |
| 负债 |
| 财务状况 |

3) 格式化字符串

格式化字符串是指先制作一个模板，并在其中预留几个空位，然后根据需要填上相应的内容。这些空位需要通过指定的符号标记(占位符)预留，且这些符号在运行结果中不会显示出来。格式化字符串可以使用"%"占位符和 format()函数两种方法：使用"%"占位符可以设置多种输出结果的格式，如表 2-8 所示；format()函数使用"{}"和":"。

表 2-8　占位符

占 位 符	描 述
%s	在字符串中表示任意字符
%d	整数占位符
%f	浮点数占位符

【例 2-17】假设模板为"××××年第×季度甲公司净利润为×元"，将 2023 年(表示年份)、4(表示季度)和 68 923.154 8(表示金额)三个参数填入模板中，按照以下三种不同要求，输出最终运行结果"2023 年第 4 季度甲公司净利润为 68 923.154 8 元"。

①　使用%占位符格式化字符串，填入参数，金额保留 2 位小数。

②　使用 format()函数格式化字符串，按默认顺序(年份、季度和金额）依次传递 2023年、4、68 923.154 8 三个参数。

③　使用 format()函数格式化字符串，设置年份对应索引 2，季度对应索引 1，金额对应索引 0，按索引传递 2023 年、4、68 923.154 8 三个参数。

【①示范代码】

```
#输出内容：2023 年第 4 季度甲公司净利润为 68 923.154 8 元
#用%占位符格式化字符串，金额保留 2 位小数
print('%s 第%d 季度甲公司净利润为%.2f 元'%('2023 年',4,68923.1548))
```

【运行结果】

```
2023 年第 4 季度甲公司净利润为 68923.15 元
```

【②示范代码】

```
#使用 format()函数格式化字符串
#不设置指定位置，按默认顺序传递参数
print('{}第{}季度甲公司净利润为{}元'.format('2023 年',4,68923.1548))
```

【运行结果】

2023 年第 4 季度甲公司净利润为 68923.1548 元

【③示范代码】

```
#使用 format()函数格式化字符串
#设置指定位置，按索引传递参数
print('{2}第{1}季度甲公司净利润为{0}元'.format(68923.1548,4,'2023年'))
```

【运行结果】

2023 年第 4 季度甲公司净利润为 68923.1548 元

列表(1)　　列表(2)

3. 列表

歌曲列表中会记录要播放的序号和歌曲名称，图 2-10 所示为手机音乐 App 歌曲列表页面。

歌曲列表　评论(0)　收藏者			搜索歌单音乐　Q
音乐标题	歌手	专辑	时长
♫ 2首VIP歌曲已无法畅享　VIP仅0.27元/天			
01　♡　根据地　←歌曲列表	丁乔	红色的记忆	02:58
02　♡　平凡中的不平凡 (百集记录微电影… 50 MV)	王一博	平凡中的不平凡	03:54
03　♡　我爱你 中国 (故事片《海外赤子》主题曲)	叶佩英	百年经典6: 在希望的田野上	05:24
04　♡　不忘初心 (舒楠监制 官方正式版) 50	韩磊 / 谭维维	不忘初心	04:25
05　♡　新中国	徐鲤	我爱你，中国 原声大碟	02:47
06　♥　我爱你中国弦乐版	徐鲤	我爱你，中国 原声大碟	02:16

图 2-10　歌曲列表

Python 中的列表和歌曲列表类似，也是由一系列按特定顺序排列的元素组成的，它是 Python 中内置的可变序列。列表的特征如下。

- 列表的所有元素都放在一对中括号"[]"中，两个相邻元素用逗号","分隔。
- 可以将整数、字符串、列表、元组等任何类型的内容放到列表中；同一个列表中，元素的类型可以不同。
- 列表内的元素是可变的。

1) 创建和删除列表

创建列表时，可以使用赋值运算符"="直接将一个列表赋值给变量，具体的语法格式如下：

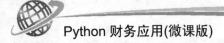

```
listname = [element 1,element 2,element 3,…, element n]
```

参数说明如下。

- listname：表示列表的名称。
- element 1,element 2,element 3,…,element *n*：表示列表中的元素，个数没有限制。

【例 2-18】创建变量 num，赋值为 7、14、32、45、67、63，输出结果和类型。创建变量 verse，赋值为"新时代""中国特色社会主义""工匠精神"，输出结果和类型。创建包含数字类型和字符串类型的列表变量 untitle，赋值为"新时代""20""['富强','文明','诚信']"，输出结果和类型。

【示范代码】

```
#创建包含数字的列表
num = [7,14,32,45,67,63]
#输出结果和类型
print(num)
print(type(num))
#创建包含字符串类型的列表
verse = ['新时代','中国特色社会主义','工匠精神']
#输出结果和类型
print(verse)
print(type(verse))
#创建包含数字类型和字符串类型的列表
untitle = ['新时代',20,['富强','文明','诚信']]
#输出结果和类型
print(untitle)
print(type(untitle))
```

【运行结果】

```
[7, 14, 32, 45, 67, 63]
<class 'list'>
['新时代','中国特色社会主义','工匠精神']
<class 'list'>
['新时代',20,['富强','文明','诚信']]
<class 'list'>
```

2) 访问列表元素

利用列表的索引，可以访问列表中的单个元素；利用切片，可以访问列表中的多个元素；列表是可变的，因而也可以直接通过索引对列表中的元素进行更新和修改操作。

【例 2-19】创建变量 list1，赋值为"新时代""20""富强""文明""诚信"，访问列表中的字符串"富强"；使用切片，访问列表中的数值"20"和字符串"富强"；使用切片，访问列表中的字符串"新时代"和"富强"。

【示范代码】

```
#创建列表 list1
list1 = ['新时代',20,'富强','文明','诚信']
#访问列表中的富强元素
print(list1[2])
#使用切片，访问多个元素
print(list1[1:3])
print(list1[0:4:2])
```

【运行结果】

```
富强
[20, '富强']
['新时代', '富强']
```

3)　更新列表

添加、修改和删除列表元素也称为更新列表。在编程过程中，需要经常对列表进行更新。表 2-9 介绍了对列表元素进行添加、修改、删除和排序的方法。

表 2-9　添加、修改、删除和排序列表的操作

操作名称	语法格式
添加元素	listname.append ()
插入元素	listname.insert (index,obj) 参数说明如下。 ● index：表示要输入的索引值； ● obj：表示要插入的值
扩展列表(将目标列表的所有元素添加到尾部)	listname.extend()
删除列表元素	listname.pop ()
删除首次出现的指定元素	listname.remove()
列表排序	listname.sort(key=None,reverse=False) 参数说明如下。 ● listname：表示要排序的列表。 ● key：表示在排序列表中指定一个用于比较的元素。 ● reverse：表示可选参数，如果将其值指定为 True，就表示降序排列；如果将其值指定为 False，则表示升序排列。 该排序方法会改变原列表元素的排列顺序

【例 2-20】创建一个包含"应收账款""应付账款"和"预付账款"三个字符串的列表

list，完成以下操作并输出结果。

① 添加字符串类型的元素"预收账款"。

② 在索引 1 的位置，插入字符串类型的元素"存货"。

③ 定义列表 list1，内容包含"短期存款"和"应付利息"两个字符串类型的元素，将列表 list1 添加到 list 的后面。

④ 删除列表 list 的第四个元素。

⑤ 删除列表 list 中的"应付账款"元素。

⑥ 分别对 list 列表进行升序排列和降序排列。

【示范代码】

```
#创建列表 list
list = ['应收账款','应付账款','预付账款']
#添加元素
list.append('预收账款')
print(list)
#插入元素
list.insert(1,'存货')
print(list)
#扩展列表
list1 = ['短期存款','应付利息']
list.extend(list1)
print(list)
#删除列表 list 中的第四个元素
list.pop(4)
#删除列表 list 中的"应付账款"
list.remove('应付账款')
print(list)
#列表升序排序
list.sort(reverse = False)
print(list)
#列表降序排序
list.sort(reverse = True)
print(list)
```

【运行结果】

```
['应收账款', '应付账款', '预付账款', '预收账款']
['应收账款', '存货', '应付账款', '预付账款', '预收账款']
['应收账款', '存货', '应付账款', '预付账款', '预收账款', '短期存款', '应付利息']
['应收账款', '存货', '预付账款', '短期存款', '应付利息']
['存货', '应付利息', '应收账款', '短期存款', '预付账款']
['预付账款', '短期存款', '应收账款', '应付利息', '存货']
```

4)　统计计算

列表统计计算包括获取指定元素出现的次数和统计数值列表的元素和两种，表 2-10 详细介绍了列表统计计算的语法格式。

表 2-10　列表统计计算的语法格式

操作名称	语法格式
获取指定元素出现的次数	listname.count(obj) 参数说明如下。 ● listname：表示列表的名称； ● obj：表示要判断是否存在的对象
统计数值列表的元素和	sum(iterable,[start]) 参数说明如下。 ● iterable：表示要统计的列表； ● start：表示统计结果从哪个数开始，如果没有指定，默认值为 0

【例 2-21】完成以下操作。

①　创建列表 list2，内容为"'新时代', 20, '富强', '文明', '诚信', '新时代', '新时代', '富强', '新时代'"。获取字符串"新时代"元素总共出现的次数，并输出结果。

②　创建列表 list3，内容为整数类型元素 3,5,7,11,45,67,3,4,5，统计列表的元素和，并输出结果。

【①示范代码】

```
#创建列表 list2
list2 = ['新时代',20,'富强','文明',"诚信",'新时代','新时代','富强','新时代']
#获取"新时代"元素出现的次数
print(list2.count('新时代'))
```

【运行结果】

```
4
```

【②示范代码】

```
#创建列表 list3
list3 = [3,5,7,11,45,67,3,4,5]
#统计数值列表的元素和
print(sum(list3))
```

【运行结果】

```
150
```

4. 字典

字典与列表类似，都是可变序列，但是字典是无序的可变序列，保存的内容以"键值对"的形式存放。这类似于会计分录中，通过会计科目可以快速知道对应的金额，比如借方固定资产是 1 000 万元，贷方银行存款为 1 000 万元，其中固定资产是键(key)，而对应金额 1 000 万元是值(value)。键是唯一的，而值可以有很多个。字典主要有如下特征。

字典

- 通过键而不是通过索引来读取值。
- 字典是任意对象的无序集合。
- 字典是可变的，但键必须唯一且不可变。

1) 创建字典

定义字典时，每个元素都包含两个部分，即"键"和"值"。如图 2-11 所示，"键"为各种水果的品类，"值"为对应的金额。从财会角度来看，以资产类科目对应的字典为例，"键"为固定资产科目，"值"为固定资产的金额。

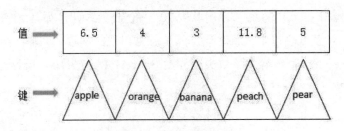

图 2-11　键值对解析图

创建字典时，"键"和"值"之间用冒号分隔，相邻两个元素用逗号分隔，所有元素放在一个大括号(花括号)"{}"中，语法格式如下：

```
dictionary= {'key1':'value1','key2':'value2',…,'key n':'value n'}
```

参数说明如下。

- dictionary：表示字典名称。
- key1, key2, …, key n：表示元素的键，必须是唯一的，并且不可变，类型可以是字符串、数字或元组。
- value1, value2, …, value n：表示元素的值，可以是任何数据类型，但非必须唯一。

【例 2-22】创建字典 dict，并赋值为"{'营业收入':20000,'营业成本':14000}"，输出结果。

【示范代码】

```
#创建字典
```

```
dict = {'营业收入':20000,'营业成本':14000}
print(dict)
```

【运行结果】

```
{'营业收入': 20000, '营业成本': 14000}
```

2)　更新字典

添加、修改和删除字典元素也称为更新字典，在编程过程中，经常需要对字典进行更新。表 2-11 介绍了如何实现字典元素的添加、修改和删除。

表 2-11　更新字典

操作名称	语法格式
访问字典里的值	dictionary[key]
添加或修改元素	dictionary [key] = value 参数说明如下。 ● dictionary：表示字典名称； ● key：表示要添加元素的键，必须唯一，不可变； ● value：表示元素的值，可以是任何数据类型，不是必须唯一，可修改元素
以列表形式返回所有键	dictionary.keys()
以列表形式返回所有值	dictionary.values()
返回所有键值对	dictionary.items()
删除键值对	del dictionary[key]
删除字典	del dictionary
删除字典中最后一个元素，返回字典中的元素	dictionary.popitem()
删除指定的"键"元素	dictionary.pop()
删除字典的全部元素。执行 clear()方法后，原字典将变为空字典	dictionary.clear()

【例 2-23】完成以下操作。

①　创建字典 dict，赋值为"{'营业收入':20000,'营业成本':14000}"，并访问字典里的值。

②　修改字典 dict 中"营业收入"的值为 30 000，并输出结果。

③　通过"营业收入"和"营业成本"添加字典 dict 里的值"营业利润"，并输出结果。

④　增加字典 dict 的元素，利润总额为 10 000，并输出结果。

⑤　以列表形式返回所有键和值，并输出结果；以列表形式返回所有键值对，并输出结果。

⑥　删除"营业成本"的键值对。

⑦　删除字典中最后一个元素并返回字典 dict 中的元素。

⑧ 删除指定的键元素"营业利润"。

【①示范代码】

```
#创建字典 dict
dict = {'营业收入':20000,'营业成本':14000}
#访问字典 dict 的值
print(dict)
```

【运行结果】

```
{'营业收入': 20000, '营业成本': 14000}
```

【②示范代码】

```
#修改字典 dict 的值
dict['营业收入'] = 30000
print(dict)
```

【运行结果】

```
{'营业收入': 30000, '营业成本': 14000}
```

【③示范代码】

```
#添加字典 dict 的值
dict['营业利润']=dict['营业收入']-dict['营业成本']
print(dict)
```

【运行结果】

```
{'营业收入': 30000, '营业成本': 14000, '营业利润': 16000}
```

【④示范代码】

```
dict['利润总额']=10000
print(dict)
```

【运行结果】

```
{'营业收入': 30000, '营业成本': 14000, '营业利润': 16000, '利润总额': 10000}
```

【⑤示范代码】

```
#以列表形式返回所有键
print(dict.keys())
#以列表形式返回所有值
print(dict.values())
#返回所有键值对
print(dict.items())
```

【运行结果】

```
dict_keys(['营业收入', '营业成本', '营业利润', '利润总额'])
dict_values([30000, 14000, 16000, 10000])
dict_items([('营业收入', 30000), ('营业成本', 14000), ('营业利润', 16000),
('利润总额', 10000)])
```

【⑥示范代码】

```
#删除键值对
del dict['营业成本']
print(dict)
```

【运行结果】

```
{'营业收入': 30000, '营业利润': 16000, '利润总额': 10000}
```

【⑦示范代码】

```
#删除字典中最后一个元素并返回字典 dict 中的元素
dict.popitem()
print(dict)
```

【运行结果】

```
{'营业收入': 30000, '营业利润': 16000}
```

【⑧示范代码】

```
#删除字典中最后一个元素指定的键元素
dict.pop('营业利润')
print(dict)
```

【运行结果】

```
{'营业收入': 30000}
```

5. 元组和集合

1) 元组

元组与列表类似，不同之处是元组中的元素不能修改。元组通过圆括号"()"创建，元素之间用逗号隔开，元组中的元素类型可以不相同。元组的访问方式与列表类似，可以通过索引或切片访问。

【例 2-24】创建元组 tuple，赋值为"('资产','负债','所有者','权益','收入','成本','费用')"，并输出结果和类型。访问并输出元组中第一个位置的元素，访问并输出从第一个位置开始到第二个位置的元素。

【示范代码】

```
#创建与访问元组
tuple = ('资产','负债','所有者','权益','收入','成本','费用')
#输出结果和类型
print(tuple)
print(type(tuple))
#访问第一个位置的元素
print(tuple[0])
#访问从第一个位置开始到第二个位置的元素
print(tuple[0:2])
```

【运行结果】

```
('资产', '负债', '所有者', '权益', '收入', '成本', '费用')
<class 'tuple'>
资产
('资产', '负债')
```

2) 集合

集合是由一个或多个不重复的事物或对象组成的，构成集合的事物或对象称为元素或成员。在 Python 中，可以直接使用"{}"或 set()函数创建集合。

【例 2-25】使用 set()函数，将列表"['库存现金','银行存款','其他货币资金']"创建为集合 a，输出集合 a 的结果与类型。使用"{}"创建集合 b，赋值为"{'资产','负债','所有者权益'}"，并输出集合 b 的结果与类型。

【示范代码】

```
#创建集合 a
a = set(['库存现金','银行存款','其他货币资金'])
print(a)
print(type(a))
#创建集合 b
b = {'资产','负债','所有者权益'}
print(b)
print(type(b))
```

【运行结果】

```
{'银行存款', '库存现金', '其他货币资金'}
<class 'set'>
{'负债', '资产', '所有者权益'}
<class 'set'>
```

【实战任务 1】

1. 使用 input()函数，完成以下操作。

① 输入你的学院、专业和姓名。

② 输入 2～3 个你知道的思政元素。

2. 使用 print()函数，完成以下操作。

① 输出 3～4 个资产类会计科目。

② 输出 150+200 的运算结果。

③ 输出以下内容："工匠精神的内涵是执着专注、精益求精、一丝不苟、追求卓越。"

3. 使用单行注释的方式，解释资产负债表恒等式的内涵；使用多行注释的方式，解释固定资产的内涵。

4. 根据变量知识点，完成以下操作。

① 使用小驼峰式命名法，定义一个营业收入的变量，用英文进行命名，并将该变量赋值为 1 500。

② 使用小驼峰式命名法，定义一个营业成本的变量，用英文进行命名，并将该变量赋值为 800。

③ 使用小驼峰式命名法，定义一个营业利润的变量，用英文进行命名，并根据营业收入和营业成本两个变量，输出营业利润变量的值。

【实战任务 2】

1. 自定义整数、浮点数和布尔型三种类型的变量，并使用 type()函数查询定义变量的数据类型。

2. 根据给定的信息，完成以下任务。

① 已知固定资产原值为 3 000 万元，固定资产累计折旧为 1 000 万元，固定资产累计减值为 500 万元。请根据已知信息，分别创建固定资产原值、固定资产累计折旧和固定资产累计减值三个变量，并根据以上三个变量计算固定资产净值。

固定资产净值的计算公式为

固定资产净值=固定资产原值−固定资产累计折旧−固定资产累计减值

② 已知净利润为 100 万元，销售收入为 1 000 万元。请根据已知信息，分别创建净利润和销售收入两个变量，并根据这两个变量计算销售净利率。

销售净利率的计算公式为

销售净利率=净利润/销售收入

③ 已知销售净利率为 10%，总资产周转率为 28%，权益乘数为 2.67。请根据已知信息，分别创建销售净利率、总资产周转率和权益乘数三个变量，并根据以上三个变量计算净资产收益率。

净资产收益率的计算公式为

净资产收益率=销售净利率×总资产周转率×权益乘数

④ 请输出销售净利率和总资产周转率比较的结果。

3. 根据给定的信息"职业品格包含廉洁奉公、爱岗敬业、淡泊名利、甘于奉献"，输出以下内容。

① 输出元素"廉洁奉公"。

② 输出元素"淡泊名利"。

③ 输出元素"甘于奉献"。

④ 使用切片的方式，输出"爱岗敬业、淡泊名利"。

⑤ 使用切片的方式，输出整个值。

⑥ 使用 in 和 not in 两种方式，检查"爱岗敬业"是否包含在信息中。

4. 使用序列相加的方式，将期间费用科目和科目代码进行连接。

① 定义期间费用科目 expense = ['销售费用','管理费用','财务费用']。

② 定义科目代码 expense_code =['6601','6602','6603']。

【实战任务 3】

1. 根据字符串知识点，完成以下操作。

① 定义变量 a，赋值为"当代大学生应当践行社会主义核心价值观，要做到树立远大

理想、勤奋学习、崇德修身、明辨是非、笃行实干"，并使用 type()函数判断该变量的类型。

② 计算变量 a 的长度。

③ 使用切片，提取出'树立远大理想'。

④ 使用切片，提取出'笃行实干'。

2. 假设模板为"××××年第×季度甲公司净利润为×元"，将 2023 年(代表年份)、1(代表季度)和 90 3467.328 9(代表金额)三个参数填入模板中，按照要求输出最终运行结果为"2023 年第 1 季度的净资产为 903 467.328 9 元"。

① 使用%占位符格式化字符串，输出以上内容，净资产保留 2 位小数。

② 使用 format()函数格式化字符串，按默认顺序传递参数。

③ 使用 format()函数格式化字符串，设置年份对应索引 2，季度对应索引 0，金额对应索引 1，按索引传递 2023 年、1、903 467.328 9 三个参数。

3. 根据列表知识点，完成以下操作。

① 创建包含字符串类型的列表 year=['2017','2018','2019','2020','2021']。

② 创建包含浮点数类型的列表 medical_industry=[9 613.18,12 073.1,18 333.44,34 890.05, 28 234.84]，并输出结果。

③ 创建包含浮点数类型的列表 medical_business=[9 747.81,10 862.92,12 122.25,10 514.49, 11 226.42]，并输出结果。

④ 使用列表的索引，访问 year 列表中的'2018'。

⑤ 使用切片，访问 medical_industry 列表中的 18 333.44 和 34 890.05。

⑥ 在 year 列表中增加元素'2022'。

⑦ 在 medical_industry 列表中索引值为 3 的位置，插入值 200 000；在 medical_business 列表中索引值为 4 的位置，插入值 10 000。

⑧ 对 medical_industry 列表中的数值进行升序排序，对 medical_business 列表中的数值进行降序排序。

⑨ 统计 medical_industry 列表中所有数值的和。

4. 根据字典知识点，完成以下操作：

① 根据表 2-12，创建字典 net_cash_flow 和 year。

表 2-12　创建字典

年份	2020	2021	2022
现金净流量/元	-20 000	11 800	13 240

② 访问字典 year 中的"2021"，访问字典 net_cash_flow 中的 11 800。

③ 在字典 year 中增加"2023"，在字典 net_cash_flow 中增加 20 000。

④ 以列表形式返回所有键。

⑤ 以列表形式返回所有键值对。

【知识测试】

一、单选题

1. Python 中使用( )函数进行输出。

    A. sum()   B. avg()   C. print()   D. input()

2. 若想输入一个固定资产原值,并在输入时提示"固定资产原值是",应使用语句( )。

    A. print("固定资产原值是")   B. input("固定资产原值是")

    C. piant("固定资产原值是")   D. inpot("固定资产原值是")

3. 假设 money=100,money=55+44,此时 money 的值为( )。

    A. 100   B. 55   C. 99   D. 44

4. 算术运算符中,取余数的运算符为( )。

    A. *   B. **   C. %   D. //

5. 有关数据类型说法错误的是( )。

    A. Python 数据类型只包括数字类型、字符串类型和布尔类型

    B. 100、-765 既是整数类型也是数字类型

    C. "hello"是字符串类型

    D. 布尔类型中只有 True 和 False 两个值

6. 假设 dict={"姓名":"张三","性别":"男","年龄":26,"身高":177.5},( )可获取此字典中的 177.5 值。

    A. dict   B. dict["姓名"]   C. dict["身高"]   D. dict[177.5]

二、多选题

1. 以下符号中可以作为 Python 注释的有( )。

    A. #   B. 三个单引号   C. 小括号

    D. 三个双引号   E. //

2. 下列各项属于 Python 内置序列结构的是( )。

    A. 字符串   B. 列表   C. 字典

    D. 元组   E. 集合

3. 下列关于列表的说法,正确的是( )。

    A. 可以在列表中添加任意新元素

    B. 不可以在列表中添加任意的新元素

    C. 列表中的值可以重复

    D. 列表中的值不可以重复

    E. 同一个列表中,元素的类型必须相同

4. 变量名可以包括( )。

    A. 标点符号   B. 数字   C. 字母

    D. 下画线   E. 汉字

5. 关于 Python 的元组类型,以下选项正确的是( )。

A. 元组中元素必须是相同类型

B. 元组采用逗号和圆括号(可选)来表示

C. 元组一旦创建就不能被修改

D. 一个元组可以作为另一个元组的元素，可以采用多级索引获取信息

E. 元组不可以通过索引或切片访问

6. 在 Python 中常见的缩进错误有(　　　)。

A. 忘记缩进

B. 忘记缩进额外的代码行

C. 不必要的缩进

D. 一次缩进为 4 个空格

E. 同一个级别的代码块缩进量可以不同

三、判断题

1. 字典中的键(key)是唯一的，值(value)可重复。　　　　　　　　　　　　　(　　)

2. 字符串和列表都是有序的数据类型，都属于可变对象，支持其中元素的修改、添加、删除等操作。　　　　　　　　　　　　　　　　　　　　　　　　　　　　(　　)

3. 设有 s="abcde"，则 s[2]值为("c")，s[2:4]值为("cd")，s[0:3]值为("abc")，s[3:5]值为("de")。　　　　　　　　　　　　　　　　　　　　　　　　　　　　　　　(　　)

4. 给变量赋值的过程就是在给对应的某个值或对象贴标签。　　　　　　　　(　　)

5. 在逻辑运算下 Python 不允许两个值是不同的类型对象。　　　　　　　　(　　)

6. 在 Python 中，input()函数接收用户键盘输入，返回的结果类型都是字符串。(　　)

7. Python 的负索引是从右向左计数，最后一个元素的索引值是 0，倒数第二个元素的索引值是-1。　　　　　　　　　　　　　　　　　　　　　　　　　　　　　(　　)

8. 复制整个序列时，start、end 参数和中间的冒号都可以省略。　　　　　　(　　)

项目 3　Python 进阶语法

【项目导读】

在人生道路中，我们需要面临一次又一次的选择，例如，是选择继续读书，还是直接就业。无论我们基于什么样的原因做出选择，作为当代大学生，都应当树立崇高的理想信念，以实现中国特色社会主义共同理想为目标，激发强烈的责任感和使命感，为国家的富强、民族的振兴和自身的成功而努力学习和奋斗，多多掌握建设祖国、为人民服务的技能。在企业经营管理中，往往需要根据数据进行选择和决策，比如在项目投资决策中，选择新建项目还是更新改造项目；在计算员工薪酬时，不同的应纳税额对应着不同的计算税率。除了要面对不同的选择和决策外，财务人员每个月都要计算员工薪酬，计算职工个人所得税，每个月都要对固定资产、无形资产计提折旧。借助 Python 中的控制语句，可以帮助财务人员解决选择问题和减少重复性的工作。

【思维导图】

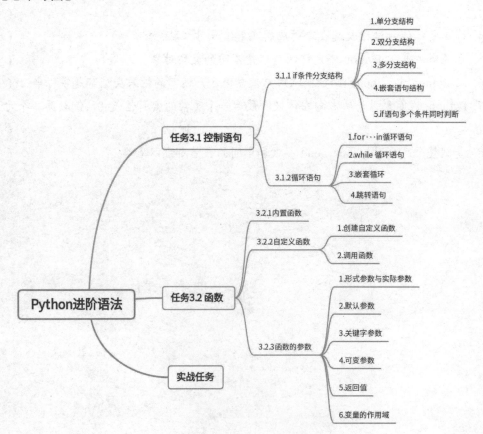

任务 3.1 控制语句

if 条件分支结构(1) if 条件分支结构(2)

3.1.1 if 条件分支结构

在 Python 中，常见的 if 条件分支结构包括单分支结构、双分支结构、多分支结构和嵌套语句结构。

1. 单分支结构

单分支结构是指"如果满足条件表达式，执行语句块"，单分支结构语句的执行过程如图 3-1 所示。其语法格式如下：

```
if 条件表达式:
    语句块
```

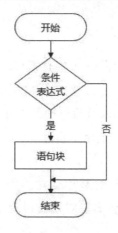

图 3-1 单分支结构的执行过程

Python 语言有着严格的缩进要求，因此需要注意缩进量，且不要少写冒号":"。

【例 3-1】已知甲公司 2023 年期末负债总额为 260 万元，资产总额为 500 万元。如果资产负债率超过 50%，需要对公司进行预警。编写代码计算甲公司的资产负债率，并根据计算结果判断是否需要对甲公司预警。

【示范代码】

```
#计算甲公司的资产负债率，如果资产负债率超过 50%，则对公司进行预警
#定义负债
debt = 260
#定义资产
asset = 500
#计算资产负债率，并保留两位小数
asset_liability_ratio=round(debt/asset,2)
```

```
#利用 if 单分支结构进行判断
if asset_liability_ratio>0.5:
    print('甲公司资产负债率为{}%,超过 50%,危险！'
            .format(asset_liability_ratio*100))
```

【运行结果】

甲公司资产负债率为 52.0%,超过 50%,危险！

2. 双分支结构

双分支结构是指"如果满足条件表达式,就执行语句块 1;否则,就执行语句块 2"。双分支结构语句的执行过程如图 3-2 所示,其语法格式如下:

```
if 条件表达式:
    语句块 1
else:
    语句块 2
```

注意,if 条件表达式和 else 后的冒号":"必须写,if 和 else 的缩进量属于同一级别。

【例 3-2】已知甲公司 2022 年年末负债总额为 200 万元,资产总额为 500 万元,如果资产负债率超过 50%,则提示"甲公司资产负债率超过 50%,危险！",否则直接输出资产负债率为多少。编写代码计算甲公司的资产负债率,并根据计算结果判断是否需要对甲公司预警。

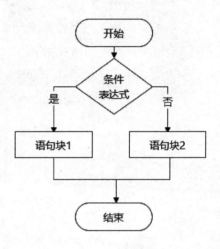

图 3-2　双分支结构执行过程

【示范代码】

```
#计算甲公司的资产负债率,如果资产负债率超过 50%,则对公司进行预警
#定义负债
debt = 200
#定义资产
asset = 500
#计算资产负债率,并保留两位小数
asset_liability_ratio=round(debt/asset,2)
#利用 if 双分支结构进行判断
if asset_liability_ratio>0.5:
    print('甲公司资产负债率为{}%,超过 50%,危险！'
            .format(asset_liability_ratio*100))
else:
    print('甲公司资产负债率为{}%。'
            .format(asset_liability_ratio*100))
```

【运行结果】

甲公司资产负债率为 40.0%。

3. 多分支结构

财会人员在计算工资薪酬的个人所得税时，需要根据应纳税所得额所在的范围来决定最终缴纳的税率。在 Python 中，采用 if…elif…else 语句描述多分支结构，如果不满足条件表达式 1，就按照顺序判断条件表达式 2；如果不满足所有的 elif 条件，就执行 else 下的语句块；如果判断条件超过 3 个，则中间多个条件都可以使用 elif。

多分支语句的语法格式如下：

```
if 条件表达式1:
    语句块1
elif 条件表达式2:
    语句块2
elif 条件表达式3:
    语句块3
……
else:
执行语句块 n
```

Python 会从上到下逐个判断条件是否成立，一旦满足某个条件，就会执行对应的执行语句。此时，不管是否满足后面的条件，剩下的代码都不再执行；如果所有的条件都不满足，就执行 else 后面的语句，如图 3-3 所示。

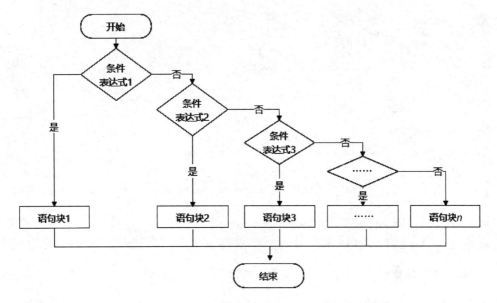

图 3-3　多分支结构执行过程

【例 3-3】铭舍公司要采购一台设备，价格为 80 000 元，该项固定资产类型为生产设备。铭舍公司采用直线法计提折旧，其固定资产折旧规定如表 3-1 所示。

表 3-1　固定资产折旧数据

资产类型	折旧年限/年	残值率%
房屋建筑物	50	5
生产设备	10	5
办公设备	3	3
其他设备	5	3

编写代码判断该资产的类型，并计算固定资产每月的折旧额。

【示范代码】

```python
#定义资产的价格
price = 80000
#定义资产的类型
fatype = '生产设备'
#判断资产的类型
if fatype =='房屋建筑物':
    year = 50
    rate = 0.05
elif fatype =='生产设备':
    year = 10
    rate = 0.05
elif  fatype =='办公设备':
    year = 3
    rate = 0.03
else:
    year = 5
    rate = 0.03
#定义每月的折旧额
depreciation = round(price*(1-rate)/year/12,2)
#输出结果
print('铭舍公司{}每月折旧额为：{}元'.format(fatype,depreciation))
```

【运行结果】

铭舍公司生产设备每月折旧额为：633.33 元

4. 嵌套语句结构

嵌套语句是指将单分支结构、双分支结构和多分支结构相互嵌套。单分支结构中嵌套双分支结构的语法格式如下：

```
if  条件表达式 1:
  if  条件表达式 2:
    语句块 1
  else:
    语句块 2
```

双分支结构嵌套双分支结构的语法格式如下:

```
if  条件表达式 1:
  if  条件表达式 2:
    语句块 1
  else:
    语句块 2
else:
  if  条件表达式 3:
    语句块 3
  else:
    语句块 4
```

多分支结构嵌套双分支结构的语法格式如下:

```
if  条件表达式 1:
  if  条件表达式 2:
    if  条件表达式 3:
      语句块 1
    elif:
      语句块 2
    elif:
      语句块 3
    else:
      语句块 4
```

【例 3-4】丙公司需要向供应商 A 公司采购一批原材料，经双方协商，如果丙公司每批次采购数量大于 5 000 件，则达到享受折扣的起算点，采购数量和折扣比例的关系如表 3-2 所示。本次丙公司原材料的采购数量为 1 000 件，采购单价为 15 元，计算采购总金额。

表 3-2　采购折扣

采购数量/个	折扣比例%
5 000<采购数量<10 000	3
采购数量≥10 000	6

【示范代码】

```
#定义采购数量、采购价格
num = 1000
```

```
prize = 15
#判断采购数量
if num>5000:
    if num<10000:
        discount = 0.03
    else:
        discount = 0.06
else:
    discount = 0
#计算原材料采购总金额
amount = round(num*prize*(1-discount),2)
#输出计算结果
print('丙公司本次采购原材料总金额为:%s'%(amount))
```

【运行结果】

丙公司本次采购原材料总金额为:15000

5. if 语句多个条件同时判断

1) 使用 and 连接条件语句

使用 and 在条件语句中进行多个条件内容的判断,表示需要同时满足两个或两个以上条件,才能执行 if 后面的语句块,语法格式如下:

```
if 条件表达式1 and 条件表达式2:
    语句块 1
else:
    语句块 2
```

2) 使用 or 连接条件语句

使用 or 在条件语句中进行多个条件内容的判断,表示只要满足一个条件,就可以执行 if 后面的语句块。语法格式如下:

```
if 条件表达式1 or 条件表达式2:
    语句块 1
else:
    语句块 2
```

if 有多个条件时,可使用括号来区分判断的先后顺序,括号中的判断优先执行;此外,and 和 or 的优先级低于 >(大于)、<(小于)等判断符号,即大于和小于号在没有括号的情况下会比 and 和 or 优先判断。

【例 3-5】M 公司销售部门的奖金发放规则为:如果销售金额大于 300 000 元,同时销售费用占销售额的比例低于 1%,则奖金按照销售额的 10%发放,否则按照 5%发放。销售部员工刘正,本月销售额为 230 000 元,发生的销售费用为 4 000 元,编写代码判断刘正本月可以拿到多少奖金。

【示范代码】

```
#定义变量销售额、销售费用
income1= 230000
cost = 4000
cost_income_ratio = cost/income1
#判断销售金额是否大于300 000，同时销售费用占销售额的比例低于1%
if income1>300000 and cost_income_ratio<0.01:
    prize_ratio = 0.1
    prize = income1*prize_ratio
else:
    prize_ratio = 0.05
    prize = income1*prize_ratio
#输出最终结果
print('刘正奖金为:{}元'.format(prize))
```

【运行结果】

```
刘正奖金为:11500.0 元
```

【例 3-6】假设 M 公司销售部门的奖金发放规则改为：如果销售金额大于 300 000 元或者销售费用占销售额的比例低于 1%，则奖金按照销售额的 10%发放，否则按照 5%发放。销售部员工马清，本月销售额为 680 000 元，销售费用为 5 600 元，编写代码判断马清本月可以拿到多少奖金。

【示范代码】

```
#定义变量销售额、销售费用
income2= 680000
cost2 = 5600
cost_income_ratio2 = cost2/income2
#判断销售金额是否大于300 000或者销售费用占销售额的比例是否低于1%
if income2>300000 or cost_income_ratio2<0.01:
    prize_ratio = 0.1
    prize2 = income2*prize_ratio
else:
    prize_ratio = 0.05
    prize2 = income2*prize_ratio
#输出最终结果
print('马清奖金为:{}元'.format(prize2))
```

【运行结果】

马清奖金为：68000.0 元

3.1.2 循环语句

党的十八届二中全会第二次全体会议上，习近平总书记提出了钉钉子精神。钉钉子精神是指钉子往往不是一锤子就能钉好的，而是要一锤接着一锤敲，直到把钉子钉实钉牢；钉牢一颗再钉一颗，不断钉下去，必然有成效。循环结构是指在程序中需要反复执行某个功能而设置的一种程序结构。它由循环体中的条件来判断是继续执行某个功能还是退出循环，通过循环结构来解决需要不断重复处理的任务，一次循环不行，就再次循环，直到任务解决为止。Python 提供了 for 循环和 while 循环。重复一定次数的循环，称为计次循环，如 for 循环。一直重复，直到条件不满足时才结束的循环，称为条件循环；只要条件为真，这种循环就会一直持续下去，如 while 循环。

循环语句(1) 循环语句(2)

1. for…in 循环语句

for…in 循环语句用于满足既定条件时，重复执行同一段代码，循环的次数取决于列表中包含的元素个数。for…in 循环语句常用于遍历字符串、列表、元组、字典等数据结构，其执行顺序是遍历这些数据结构里的每一个元素。for…in 循环语句的执行过程如图 3-4 所示，for…in 循环语句的语法格式如下：

```
for 变量 in  可迭代对象：
    语句块
```

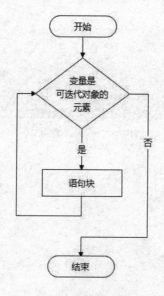

图 3-4 for…in 循环语句的执行过程

参数说明如下。

● 变量：用于保存读取的值。

● 可迭代对象：表示要遍历或迭代的对象，该对象可以是字符串、列表、元组、字典等数据结构。

● 语句块：表示一组被重复执行的语句。

1)　数值循环

数值循环是 for…in 循环的最基本应用，能够解决很多重复的输入或计算问题。下面通过举例来理解数值循环。

【例 3-7】使用 for…in 循环输出 6 遍字符串"社会主义核心价值观倡导敬业精神"。

【示范代码】

```
for i in [1,2,3,4,5,6]:
    print('社会主义核心价值观倡导敬业精神')
```

【运行结果】

```
社会主义核心价值观倡导敬业精神
社会主义核心价值观倡导敬业精神
社会主义核心价值观倡导敬业精神
社会主义核心价值观倡导敬业精神
社会主义核心价值观倡导敬业精神
社会主义核心价值观倡导敬业精神
```

2)　遍历字符串

遍历就是全部走遍的意思。下面通过举例来理解遍历字符串。

【例 3-8】定义字符串变量"资产负债表"，使用 for…in 循环遍历字符串中的全部内容。

【示范代码】

```
balance_sheet = '资产负债表'
for i in balance_sheet:
    print(i)
```

【运行结果】

```
资
产
负
债
表
```

3)　for…in 循环与 range()函数

for…in 循环还常常和 range()函数搭配使用。range()函数可以生成一个从 0 到 x-1 的整数序列。

【例 3-9】年数总和法是固定资产折旧的计算方法之一，采用该方法需要计算折旧年限的累加数。假设甲公司办公楼采用年数总和法计提折旧，办公楼可使用年限为 20 年，请使用 for…in 循环计算年数总和为多少。

【示范代码】

```
sum = 0
for i in range(1,21):
    sum +=i
    print('第{}次取数,值为{},累加和为{}。'.format(i,i,sum))
    print('年数总和为',sum,'年')
```

【运行结果】

```
第 1 次取数,值为 1,累加和为 1。
第 2 次取数,值为 2,累加和为 3。
第 3 次取数,值为 3,累加和为 6。
第 4 次取数,值为 4,累加和为 10。
第 5 次取数,值为 5,累加和为 15。
第 6 次取数,值为 6,累加和为 21。
第 7 次取数,值为 7,累加和为 28。
第 8 次取数,值为 8,累加和为 36。
第 9 次取数,值为 9,累加和为 45。
第 10 次取数,值为 10,累加和为 55。
第 11 次取数,值为 11,累加和为 66。
第 12 次取数,值为 12,累加和为 78。
第 13 次取数,值为 13,累加和为 91。
第 14 次取数,值为 14,累加和为 105。
第 15 次取数,值为 15,累加和为 120。
第 16 次取数,值为 16,累加和为 136。
第 17 次取数,值为 17,累加和为 153。
第 18 次取数,值为 18,累加和为 171。
第 19 次取数,值为 19,累加和为 190。
第 20 次取数,值为 20,累加和为 210。
年数总和为 210 年
```

2. while 循环语句

while 循环语句在满足条件表达式时，会执行语句块；每一次循环执行结束，会再次返回条件表达式所在的位置进行下一次循环判断，满足条件则会执行语句块；如此循环往复，直到不满足条件表达式时才结束循环。while 循环语句的执行过程如图 3-5 所示，其语法格式如下：

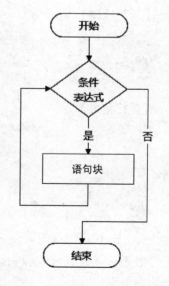

图 3-5　while 循环语句的执行过程

```
while 条件表达式:
    语句块
```

【例3-10】承例3-9，使用 while 循环计算年数总和为多少。

【示范代码】

```
count =1
sum = 0
while count<=20:
    sum +=count
    count+=1
    print('第{}次计数,值为{},累加和为{}。'
        .format(count,count,sum))
print('年数总和为',sum,'年')
```

【运行结果】

```
第 2 次计数,值为 2,累加和为 1。
第 3 次计数,值为 3,累加和为 3。
第 4 次计数,值为 4,累加和为 6。
第 5 次计数,值为 5,累加和为 10。
第 6 次计数,值为 6,累加和为 15。
第 7 次计数,值为 7,累加和为 21。
第 8 次计数,值为 8,累加和为 28。
第 9 次计数,值为 9,累加和为 36。
第 10 次计数,值为 10,累加和为 45。
第 11 次计数,值为 11,累加和为 55。
第 12 次计数,值为 12,累加和为 66。
第 13 次计数,值为 13,累加和为 78。
第 14 次计数,值为 14,累加和为 91。
第 15 次计数,值为 15,累加和为 105。
第 16 次计数,值为 16,累加和为 120。
第 17 次计数,值为 17,累加和为 136。
第 18 次计数,值为 18,累加和为 153。
第 19 次计数,值为 19,累加和为 171。
第 20 次计数,值为 20,累加和为 190。
第 21 次计数,值为 21,累加和为 210。
年数总和为 210 年
```

3. 嵌套循环

循环语句和条件语句一样，都是可以嵌套的，如在 while 循环中嵌套 while 循环，在 for…in 循环中嵌套 for…in 循环，也可以将 while 循环和 for…in 循环相互嵌套。

for…in 循环嵌套的语法如下：

```
for 变量 in  可迭代对象 :
    for 变量 in  可迭代对象 :
        语句块 1
    语句块 2
```

while 循环嵌套的语法如下：

```
while 判断条件 1:
    while 判断条件 2:
        语句块 2
    语句块 1
```

while 循环嵌套 for…in 循环语法如下：

```
while 判断条件:
    for 变量 in 可迭代对象:
        语句块 1
    语句块 2
```

4. 跳转语句

在执行 while 循环和 for…in 循环时，只要满足循环条件，程序就会一直重复执行。此时可以使用 break 语句和 continue 语句，在循环结束前强制结束循环。使用 continue 语句，可以跳过本次循环中剩余的代码，直接从下一次循环继续执行。使用 break 语句，可以彻底结束循环。

1) break 语句

break 语句可以用在 while 循环和 for…in 循环中，用来结束整个循环。当有嵌套循环时，break 只能跳出最近一层的循环。

在 for…in 循环中使用 break 的执行流程如图 3-6 所示，其语法格式如下：

```
for 变量 in 可迭代对象:
    if 条件:
    语句块
    break
```

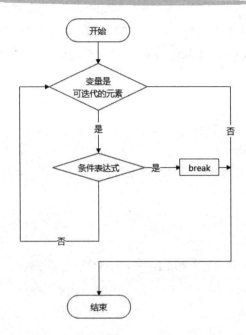

图 3-6　在 for…in 循环中使用 break 语句的执行流程

在 while 循环中使用 break 语句的执行流程如图 3-7 所示，其语法格式如下：

```
while 条件表达式1:
    语句块
    if 条件表达式2:
        break
```

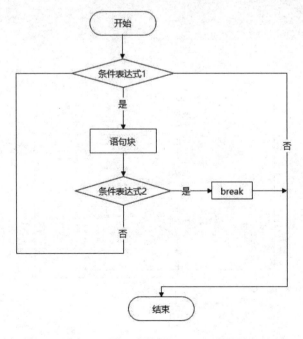

图 3-7　在 while 循环中使用 break 语句的执行流程

【例 3-11】甲公司财务部员工小江，1—12 月的绩效奖金分别为 1 000、500、700、600、400、1 200、760、900、1 400、1 300、1 000、1 400，要求筛选出绩效奖金超过 1 000 元的第一个月份。

【示范代码】

```
#定义字典 wage 存放月份和绩效奖金的值
wage={'1月':1000,'2月':500,'3月':700,'4月':600,'5月':400,'6月':1200,
      '7月':760,'8月':900,'9月':1400,'10月':1300,'11月':1000,'12月':1400}
#在 for 循环中遍历 wage
for key in wage:
#使用 if 条件判断绩效奖金的值
    if wage[key]>1000:
        print('第一个绩效奖金超过1000元的月份:',key)
        break
```

【运行结果】

第一个绩效奖金超过 1000 元的月份：6 月

2) continue 语句

continue 语句用于结束本次循环，继续下一次循环。有多个循环嵌套时，则结束最近一层的循环。在 while 循环中使用 continue 语句的执行流程如图 3-8 所示，其语法格式如下：

```
while 条件表达式1:
    语句块
    if 条件表达式2:
        continue
```

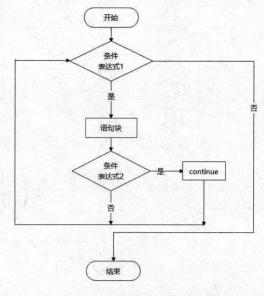

图 3-8　在 while 循环中使用 continue 语句的执行流程

在 for…in 循环中使用 continue 语句的执行流程如图 3-9 所示，其语法格式如下：

```
for 变量 in 可迭代对象:
    语句块
    if 条件表达式:
        continue
```

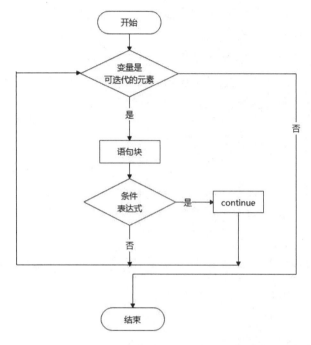

图 3-9　在 for…in 循环中使用 continue 语句的执行流程

【例 3-12】使用 while 循环和 if 单分支结构的嵌套方式，计算 1～100 中所有偶数的总和，并输出计算结果。

【示范代码】

```
sum = 0
counter = 0
while counter <100:
    counter = counter+1
    if counter%2 ==1:
        continue
    sum =sum +counter
print('1～100 中的偶数之和为: ',sum)
```

【运行结果】

```
1～100 中的偶数之和为：2550
```

任务 3.2 函　　数

函数是编程中最重要的一个模块，贯穿于整个编程学习过程。在前面的内容中，我们已经多次接触和使用函数了。例如，用于输出的 print()函数，保留数据小数位数的 round()函数等，这些都是 Python 内置函数，可以直接使用。除了可以直接使用的内置函数外，Python 还支持自定义函数，即将一段有规律的、重复的代码定义为函数，达到一次编写、多次调用的目的，提高代码的重复利用率。在学习函数知识点时，同学们要融入整体和部分的辩证关系，使用 Python 来剖析复杂财务工作中的关键问题，把握事物的本质，能通过团队协作方式更好地解决财务业务问题。

3.2.1 内置函数

Python 解释器中内置了很多函数，任何时候都能使用。本书仅介绍常用的内置函数，其他的函数可以在 Python 官网中进行查询。

1) round()函数

```
round(x,n)
```

四舍五入保留几位小数点，其中，x 是目标值，n 表示保留几位小数位数。

2) pow 函数

```
pow(x,n)
```

返回 x 的 n 次方的值，用来计算复利系数。

3) sum()函数

```
sum(iterable[,start])
```

对序列进行求和计算，iterable 为可迭代对象，如列表、元组、集合；start 用于指定相加的参数，默认为 0。

4) format()函数

```
format()
```

字符串格式化操作。

5) range()函数

```
range(start,stop[,step])
```

参数说明如下。

● start：表示计数开始，默认为 0。

● stop：表示计数结束，但是不包含 stop，即含头不含尾。

- step：表示步长，默认为 1。

6)　int() 函数

```
int(x,base)
```

将字符串或数字转换为整数。

参数说明如下。

- x：对象可以是数字，也可以是字符串。
- base：表示 x 的进制，默认为十进制。

7)　map() 函数

```
map(function,iterable)
```

对序列中的每个元素进行指定操作，并将所有结果集合成一个新的序列输出。

参数说明如下。

- function：代表某个功能函数。
- iterable：代表一个或多个序列。

8)　sorted() 函数

```
sorted()
```

可以对所有可迭代对象进行排序，默认为升序。

3.2.2　自定义函数

自定义函数

1. 创建自定义函数

创建自定义函数可以理解为创建一个具有某种用途的工具。创建自定义函数的语法格式如下：

```
def 函数名(参数 1,参数 2,…,参数 n):
    函数体
    return 语句
```

自定义函数有以下规则。

- 函数代码块以 def 关键词开头，后接函数名和圆括号 "()"。
- 任何传入参数和自变量必须放在圆括号中，圆括号可以用于定义参数。
- 函数的第一行语句可以使用文档字符串，用于说明函数。
- 函数内容以冒号起始，并且缩进。
- return 用于结束函数，可返回一个值给调用方。不带语句的 return 相当于返回 None。

2. 调用函数

调用函数也就是执行函数，即使用该自定义函数。调用函数的语法格式如下：

函数名(参数1,参数2,…,参数n)

【例3-13】自定义固定资产折旧函数，该函数可以对表3-3中的数据进行判断，并根据传入的参数值，计算固定资产每月的折旧额。假设固定资产原值为80 000元，类型为生产设备，计算该固定资产的折旧额。

表3-3　固定资产数据

类　型	可使用年限	残值率/%
房屋建筑物	50	0.05
生产设备	10	0.05
办公设备	3	0.03
其他	5	0.03

【示范代码】

```
#自定义固定资产折旧函数
def data(price,fatype):
    if fatype =='房屋建筑物':
        year = 50
        rate = 0.05
    elif fatype =='生产设备':
        year = 10
        rate = 0.05
    elif fatype=='办公设备':
        year = 3
        rate = 0.03
    else:
        year = 5
        rate = 0.03
    global  depreciation1
    depreciation1 = round(price*(1-rate)/year/12,2)
#调用data
data(80000,'生产设备')
print('铭舍公司每月折旧额为:%s元'%(depreciation1))
```

【运行结果】

铭舍公司每月折旧额为:633.33元

3.2.3　函数的参数

在调用函数时，函数之间存在着数据传递关系。函数参数的作用是传递数据给函数，函数利用接收的数据进行具体的操作。在定义函数时，函数参数放在函数名后面的一对小括号中，如图 3-10 所示。

函数的参数(1) 函数的参数(2)

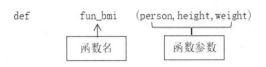

图 3-10　函数参数

1. 形式参数与实际参数

在使用函数时，经常会用到形式参数(形参)和实际参数(实参)，两者都称为参数。定义函数时参数列表中的参数就是形参，而调用函数时传递进来的参数就是实参。就像剧本选主角一样，剧本的角色相当于形参，演角色的演员相当于实参。

● 形式参数：在定义或创建函数时，函数名后面括号中的参数为"形式参数"。

● 实际参数：在调用一个函数时，函数名后面括号中的参数为"实际参数"。

【例 3-14】自定义 func 函数，理解形式参数和实际参数。

【示范代码】

```
#func为定义的函数名称，a和b为形式参数
def func(a,b):
    c = a + b
    print(c)
#调用函数
func(5,3)
#5和3为实际参数
```

【运行结果】

```
8
```

2. 默认参数

默认参数称为参数的默认值，即在定义函数时直接指定形式参数的默认值。当没有传入实际参数时，则直接使用定义函数时设置的默认值。

【例 3-15】自定义打印员工信息的函数，参数包含昵称、年龄和性别，其中性别为男。根据用户调用的内容来输出员工的基本信息。

【示范代码】

```
#定义打印员工信息的函数
#sex(性别)赋值了默认参数男
def print_user_info( name,age,sex = '男' ):
    print('昵称：{}'.format(name),end = ' ')
    print('年龄：{}'.format(age),end = ' ')
    print('性别：{}'.format(sex))
    return
#调用 print_user_info 函数
print_user_info('两点水',18,'女')
print_user_info('三点水',25)
```

【运行结果】

```
昵称：两点水 年龄：18 性别：女
昵称：三点水 年龄：25 性别：男
```

从输出结果可以看出，执行 print_user_info('两点水',18, '女')函数时，传入了实际参数 (sex='女')，程序此时会忽略默认参数而直接使用传入的实际参数。而执行 print_user_info ('三点水',25)函数时，没有传递性别的实际参数，程序直接使用默认值。最后需要注意的是，默认参数值必须在非默认参数的后面。

【例 3-16】自定义函数 function，设置 a、b、c 三个形式参数，其中参数 b 设置为默认 参数(b=100)，然后调用自定义函数。

【示范代码】

```
def function(a,b=100,c):
    print(a+b+c)
function(1,2)
```

【运行结果】

运行结果如图 3-11 所示。

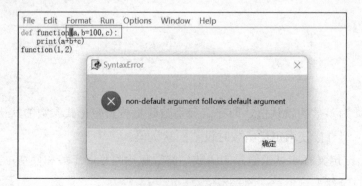

图 3-11　默认参数程序报错

3. 关键字参数

调用自定义函数时，通常是按照形式参数定义顺序传递实际参数。如果传递的顺序出错，就会导致实际参数值传错。而关键字参数是在调用函数时，直接通过指定形式参数名来传递实际参数，此时不需要关注形式参数定义的顺序。

【例 3-17】自定义打印员工信息的函数，形式参数包含昵称(name)、年龄(age)、性别(sex='男')。调用 print_staff_info2 函数时，使用关键字参数分别传入数据 1(name='王冰'，age=25，sex='女')和数据 2(name='高齐升'，sex='女'，age=25)。

【示范代码】

```
#定义打印员工信息的函数
def print_staff_info2( name , age , sex = '男' ):
    print('昵称: {}'.format(name) , end = ' ')
    print('年龄: {}'.format(age) , end = ' ')
    print('性别: {}'.format(sex))
    return
#调用 print_staff_info2 函数
print_staff_info2( name='王冰' , age = 25 ,sex = '女')
print_staff_info2( name='高齐升' ,sex='女' ,age=25 )
```

【运行结果】

```
昵称: 王冰 年龄: 25 性别: 女
昵称: 高齐升 年龄: 25 性别: 女
```

4. 可变参数

可变参数也称为不定长参数。在自定义函数时，如果无法确定传入参数的个数，可以使用可变参数。定义一个函数时，通过可变参数，可以传入任意多个实际参数。Python 可用元组的方式接收没有直接定义的参数，方法是在参数前边加星号"*"。

【例 3-18】自定义打印员工信息的函数，形式参数包含昵称(name)、年龄(age)、性别(sex='男')、爱好(*hobby)，其中，"爱好"参数前加了一个星号"*"。调用自定义函数 print_staff_info3，传入"('王冰',25,'女','打篮球','打羽毛球','跑步')"实际参数。

【示范代码】

```
#定义打印员工信息的函数
def print_staff_info3( name , age , sex = '男' ,*hobby):
    print('昵称: {}'.format(name) , end = ' ')
    print('年龄: {}'.format(age) , end = ' ')
    print('性别: {}'.format(sex))
    print('爱好:{}'.format(hobby))
    return
#调用 print_staff_info3 函数
```

```
print_staff_info3( '王冰',25,'女','打篮球','打羽毛球','跑步')
```

【运行结果】

```
昵称：王冰 年龄：25 性别：女
爱好:('打篮球', '打羽毛球', '跑步')
```

通过运行的结果可知，*hobby 是可变参数，且 hobby 是一个 tuple(元组)。可变长参数也支持关键字参数(位置参数)，没有被定义的关键字参数会被放到一个字典里，这种方式是在参数前加"**"。更改上面的示例如下。

```
#定义打印员工信息的函数
def print_staff_info4( name , age , sex = '男' ,**hobby):
    print('昵称：{}'.format(name) , end = ' ')
    print('年龄：{}'.format(age) , end = ' ')
    print('性别：{}'.format(sex))
    print('爱好:{}'.format(hobby))
    return
#调用 print_staff_info4 函数
print_staff_info4( name='王冰' , age=25 , sex='女',hobby=('打篮球','打羽毛球',
'跑步'))
```

【运行结果】

```
昵称：王冰 年龄：25 性别：女
爱好:{'hobby': ('打篮球', '打羽毛球', '跑步')}
```

通过对比上面两个例子可以知道，*hobby 是可变参数，而且 hobby 其实就是一个 tuple(元组)；**hobby 是关键字参数，而且 hobby 是一个 dict(字典)。

5. 返回值

为函数设置返回值的作用，就是将函数的处理结果返回给调用它的程序，这就类似于主管向下级职员下达命令，职员最后需要将结果报告给主管。在自定义函数中，使用 return 语句可为函数指定返回值，该返回值可以是任意类型。无论 return 语句出现在函数的什么位置，只要得到执行，就会直接结束函数。

return 语句的语法格式如下：

```
result= return [value]
```

参数说明如下。

- result：保存返回的结果，如果返回一个值，那么 result 中保存的就是返回的值。
- value：表示可选参数，用于指定要返回的值。

当函数中没有 return 语句，或者省略了 return 语句的参数时，返回结果为空值。

【例 3-19】 自定义以下情形的函数：

① 　自定义没有形式参数和 return 语句的函数。
② 　自定义没有形式参数但有 return 语句的函数。
③ 　自定义有形式参数和 return 语句的函数。

【①示范代码】

```
#定义没有形式参数和 return 语句的函数
def data():
    print(520)
#调用 data()函数
data()
```

【运行结果】

```
520
```

【②示范代码】

```
#定义没有形式参数但有 return 语句的函数
def data():
    return
#调用 data()函数
data()
```

【运行结果】

该函数虽然有 return 语句，但没有形式参数和返回值。

【③示范代码】

```
#定义有形式参数和 return 语句的函数
def data(a,b):
    c= a+b
    return c
Print(data(5,3))
```

【运行结果】

```
8
```

6. 变量的作用域

程序中的变量并不是在哪个位置都可以被访问。访问权限是由这个变量的赋值位置决定的。变量的作用域是指程序代码能够访问该变量的区域，如果超出该区域，该访问变量时就会出现错误。在程序中，一般会根据变量的"有效范围"，将变量分为"局部变量"和"全局变量"。

1) 局部变量

局部变量是指在函数内部定义并使用的变量，它只在函数内部有效。即函数内部的变量只在函数运行时才会创建，在函数运行之前或运行完毕之后，所有的变量都不存在。

【例 3-20】自定义 f_demo()函数，在函数内部定义局部变量 message，类型为字符串，内容为"新时代中国特色社会主义思想"，然后完成以下操作：

① 调用 f_demo()函数。

② 调用函数结束后，执行"print('局部变量 message=',message)"语句。

【示范代码】

```python
#局部变量
def f_demo():
    message='新时代中国特色社会主义思想'
    print('局部变量 message=',message)
#调用 f_demo 函数
f_demo()
print('局部变量 message=',message)
```

【运行结果】

运行结果如图 3-12 所示。

```
局部变量message= 新时代中国特色社会主义思想
Traceback (most recent call last):
  File "D:\python财务应用\上篇例题\项目3 Python进阶语法\例3-20 局部变量.py", line 8, in <module>
    print('局部变量message=',message)
NameError: name 'message' is not defined
>>> |
```

图 3-12　局部变量运行结果

调用 f_demo()函数时，程序使用了函数内部定义的局部变量 message，并输出 message 的内容'新时代中国特色社会主义思想'。函数调用结束后，执行"print('局部变量 message=',message)"语句程序会报错，原因是此时程序是在函数外部执行，而函数外部没有定义 message。

2) 全局变量

与局部变量对应的全局变量是能够作用于函数内外部的变量。如果一个变量在函数外部定义，则不仅在函数外部可以被访问，在函数内部也可以被访问。

【例 3-21】定义全局变量 message，类型为字符串，内容为"新时代中国特色社会主义思想"。定义自定义函数 f_demo()，执行语句"print('函数体内：全局变量 message=',message)"，然后完成以下操作：

① 调用自定义函数 f_demo()。

② 在自定义函数外，执行"print('函数体外：全局变量 message=',message)"语句。

【示范代码】

```
#全局变量
message='新时代中国特色社会主义思想'
def f_demo():
    print('函数体内：全局变量message=',message)
f_demo()
print('函数体外：全局变量message=',message)
```

【运行结果】

函数体内：全局变量message= 新时代中国特色社会主义思想
函数体外：全局变量message= 新时代中国特色社会主义思想

在函数体内定义的变量，使用 global 关键字修饰后，就会变为全局变量。

【例 3-22】定义全局变量 message，类型为字符串，内容为"新时代中国特色社会主义思想"。定义自定义函数 f_demo()，函数内定义局部变量 message，类型为字符串，内容为"树立共产主义远大理想和中国特色社会主义共同理想"，然后执行"print('函数体内：message=',message)"语句，并完成以下操作：

① 调用自定义函数 f_demo()。

② 在自定义函数外，输出"print('函数体外：message=',message)"语句。

③ 在自定义函数中增加代码，声明 message 为全局变量。

【示范代码】

```
#全局变量
message='新时代中国特色社会主义思想'
def f_demo():
    message='树立共产主义远大理想和中国特色社会主义共同理想'
    print('函数体内：message=',message)
f_demo()
print('函数体外：message=',message)
```

【运行结果】

函数体内：message= 树立共产主义远大理想和中国特色社会主义共同理想
函数体外：message= 新时代中国特色社会主义思想

从上面的结果可知，在函数内部定义的变量即使与全局变量重名，也不影响全局变量的值。

【示范代码】

```
#全局变量
message='新时代中国特色社会主义思想'
def f_demo():
```

```
    global message
    message='树立共产主义远大理想和中国特色社会主义共同理想'
    print('函数体内：message=',message)
f_demo()
print('函数体外：message=',message)
```

【运行结果】

函数体内：message= 树立共产主义远大理想和中国特色社会主义共同理想

函数体外：message= 树立共产主义远大理想和中国特色社会主义共同理想

要在函数体内部改变全局变量的值，需要在定义局部变量时使用 global 关键字修饰。上面的结果就是在函数内部修改了全局变量的值。

【实战任务 1】

使用 Python 工具帮助企业解决企业所得税计算中未弥补亏损的问题。假设 A 公司第一年年初时，上年未弥补亏损前应纳税所得额为-100 万元，第一年年末至第六年年末未弥补亏损前应纳税所得额分别为 10 万元、5 万元、30 万元、20 万元、30 万元、60 万元。计算第一年年末至第五年年末应纳税额为多少。

【实战任务 2】

使用 Python 工具完成宝鼎科技财务指标计算。宝鼎科技 2019—2022 年的净利润和营业收入数据如表 3-4 所示。

表 3-4　宝鼎科技净利润和营业收入数据

项　目	2019 年	2020 年	2021 年	2022 年
净利润/万元	2 869	5 607	758.3	636.7
营业收入/万元	31 100	34 000	36 700	35 300

请计算 2019—2022 年宝鼎科技每年的净利润率。

【实战任务 3】

公司每个月都需要对固定资产和无形资产的折旧额进行重复计算，财务部主管安排财会人员使用 Python 软件完成表 3-5 中生产设备每年折旧额的计算。

表 3-5　固定资产数据

固定资产名称	原　值	预计使用年限	残值率
生产设备	100 000	5	5%

根据自定义函数知识点，完成以下任务：

① 使用自定义函数，通过直线法计算折旧。

② 输入参数，用直线法计算折旧额。

③ 使用自定义函数，使用年数总和法计算折旧。

④ 输入参数，用年数总和法计算折旧额。

【知识测试】

一、单选题

1. 在 while 循环中，假设 num=1，循环条件是 num<3，每次循环 num 都会加 1，一共要执行(　　)次循环。

    A. 1　　　　　　B. 2　　　　　　C. 3　　　　　　D. 4

2. 以下 Python 代码会输出(　　)。

```
a=[5,9,2] sorted(a)
```

    A. a　　　　　　B. [9,5,2]　　　　C. [2,5,9]　　　　D. [5,9,2]

3. 使用自定义函数时，开头需要使用的单词是(　　)。

    A. as　　　　　　B. if　　　　　　C. while　　　　　D. def

4. 在 Python 中，当我们需要检查超过两个条件是否可以满足的情形时，可以使用(　　)。

    A. if 循环　　　　　　　　　　　B. if…else 语句

    C. if…elif…else 语句　　　　　　D. while 循环

5. return 语句的作用是(　　)。

    A. 结束函数调用　　　　　　　　B. 返回值

    C. 结束函数调用、返回值　　　　D. 结束函数调用、返回值，然后再次调用函数

6. 关于函数参数传递中形参与实参的描述错误的是(　　)。

    A. Python 调用函数时，将常量或变量的值(实参)传递给函数的参数(形参)

    B. 实参与形参存储在各自的内存空间中，是两个不相关的独立变量

    C. 在参数内部改变形参的值，实参大的值一般是不会改变的

    D. 实参与形参的名字必须相同

二、多选题

1. 以下是 Python 中的循环语句的是(　　)。

    A. while 循环　　　　　　　　B. while…in 循环

    C. for…on 循环　　　　　　　D. for…in 循环

    E. while…else 循环

2. 下列有关中断循环的语句，说法正确的是(　　)。

    A. break 表示跳出本次循环，进入下一次循环

    B. break 表示跳出整个循环

    C. continue 表示跳出本次循环，进入下一次循环

    D. continue 表示跳出整个循环

    E. 当有嵌套循环时，break 跳出整个循环

3. 下列关于变量作用域说法正确的是(　　)。

    A. 局部变量只在函数内部才有效

    B. 局部变量定义后，在函数结束运行后仍然可被调用

    C. 函数体外定义的变量，一定是全局变量

    D. 函数体内的局部变量名称不可以和全局变量名称相同

    E. 当内部作用域的变量想修改外部作用域的变量时，就要用到 global 关键字

4. 自定义和调用函数时，函数参数的类型包括(　　)。

    A. 索引参数　　　　　　　　B. 位置参数

    C. 默认参数　　　　　　　　D. 关键字参数

    E. 不定长参数

5. 对 Python 中的 for…in 循环，说法正确的是(　　)。

    A. for 和 in 都是关键字

    B. 以关键字 for 开始的行是循环的控制结构，它控制 for 中语句块的执行次数

    C. for 中的语句被称为循环体

    D. 迭代器中值的个数就是 for 循环的次数

    E. for 循环不能用于循环次数不确定的情况

6. 在 Python 中，关于函数的描述正确的是(　　)。

    A. 关键字参数是让调用者通过使用参数名区分参数，在使用时不允许改变参数列表中的参数顺序

    B. 默认参数的值可以修改

    C. 设置了默认参数，在调用函数时不传递该参数，就会使用默认值

    D. 函数的 return 语句可以以元组(tuple)的方式返回多个值

    E. 不定长参数传递的个数不可以大于定义函数时的参数数目

三、判断题

1. if 条件分支结构，除了需要注意缩进，还须注意不要漏掉冒号。　　　　　　(　　)

2. 在 Python 中内置函数可以帮我们完成所有功能。　　　　　　　　　　　　(　　)

3. 自定义函数有可能没有返回值。　　　　　　　　　　　　　　　　　　　　(　　)

4. 在不中断循环的条件下，在 while 循环中，若判断条件满足就会跳出循环。　(　　)

5. 在 if 条件判断语句中，如果有多个条件需要依次判断并满足某条件，就会把剩下的 elif 或 else 都执行一遍，最后执行满足的条件所对应的语句。　　　　　　　　　(　　)

6. 在 while 和 for…in 循环中，break 语句用来结束整个循环，continue 语句用于结束本次循环。　　　　　　　　　　　　　　　　　　　　　　　　　　　(　　)

7. 变量在函数外定义，就只能在函数外访问，不能在函数内访问。　　　　(　　)

8. 在 Python 中，在函数体内使用 return 语句为函数指定的返回值，可以是任意类型。

(　　)

项目4 Numpy 与 Pandas 数据分析

【项目导读】

在 Python 中，一个扩展名为 ".py" 的文件就称为一个模块，模块的英文是 Module。一个模块可以理解为一盒主题积木，一个函数相当于一块积木，通过多块积木可以拼接出某一主题的积木。Python 中有自定义模块、内置模块和第三方模块。自定义模块是用户自己编写的模块；内置模块是 Python 标准库中的模块，可以直接导入并使用；第三方模块是 Python 的开源模块库，是由来自世界各地的开发者贡献的模块，使用前需要先安装再导入。本书介绍内置模块中的 Pandas 模块和 Matplotlib 模块，其中，Matplotlib 模块在项目 5 中将详细介绍。

Numpy(Numerical Python)是 Python 进行科学计算的一个基础包，只有先行掌握 Numpy 模块的用法，才能更好地学习并掌握 Pandas。Pandas 是 Python 语言的一个扩展程序库，用于数据分析。Pandas 的主要数据结构是 Series(一维数据)与 DataFrame(二维数据)，这两种数据结构足以处理金融、统计、社会科学、工程等领域的典型案例。使用 Python 分析数据时，必须实事求是，坚持一切从实际出发、理论联系实际，在实践中检验真理和发展真理。此外，在应用 Python 进行数据分析时，必须保证数据来源真实可靠，代码设计必须符合 Python 编程规范和财务业务实质，能客观公正地依据数据分析结果解决财务问题。

【思维导图】

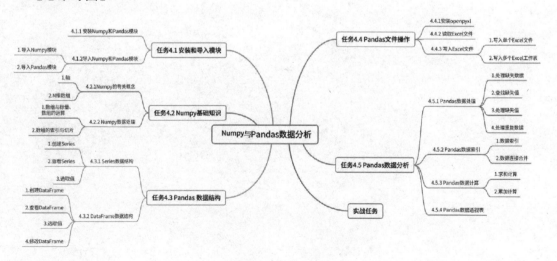

任务 4.1　安装和导入模块

安装和导入模块

4.1.1　安装 Numpy 和 Pandas 模块

在 IDLE 开发环境下使用 pip 命令安装 Numpy 和 Pandas 模块的具体操作步骤如下。

步骤 1：打开 cmd 命令窗口，输入 pip install pandas 语句。

步骤 2：输入 pip list 语句，查看是否已经安装 Pandas 模块。

步骤 3：安装成功后，导入 Pandas 包。

步骤 4：打开 cmd 命令窗口，输入 pip install numpy 语句，安装 Numpy 模块。

步骤 5：输入 pip list 语句，查看是否已经安装 Numpy 模块。

步骤 6：安装成功后，导入 Numpy 包。

【例 4-1】查看安装的 Pandas 模块的版本，如图 4-1 所示。

```
>>> import pandas
>>> pandas.__version__    # 查看版本
'1.1.5'
```

图 4-1　查看安装的 Pandas 模块的版本

4.1.2　导入 Numpy 和 Pandas 模块

1. 导入 Numpy 模块

导入 Numpy 模块的语法格式如下：

```
import numpy as np
```

其中，np 表示 Numpy 的别名。

【例 4-2】查看导入 Numpy 模块的结果，创建变量 t1，并输出变量的结果和类型。

【示范代码】

```
#导入 Numpy 模块
import numpy as np
#创建变量 t1
t1 = np.array([1,2,3])
#输出变量的结果
print(t1)
#显示变量的类型
print(type(t1))
```

【运行结果】

```
[1 2 3]
<class 'numpy.ndarray'>
```

2. 导入 Pandas 模块

导入 Pandas 模块的语法格式如下：

```
import pandas as pd
```

其中，pd 表示 Pandas 的别名。

【例 4-3】查看导入 Pandas 模块的结果，定义变量 mydataset，并输出结果和类型。

【示范代码】

```
#导入 Pandas 模块
import pandas as pd
mydataset = {
    '四个自信':['道路自信','理论自信','制度自信','文化自信'],
    'number':[1,2,3,4]
}
myvar = pd.DataFrame(mydataset)
print(myvar)
print(type(myvar))
```

【运行结果】

```
    四个自信    number
0   道路自信      1
1   理论自信      2
2   制度自信      3
3   文化自信      4
<class 'pandas.core.frame.DataFrame'>
```

任务 4.2 Numpy 基础知识

4.2.1 Numpy 的有关概念

Numpy 基础知识

1. 轴

在 Numpy 中，轴(axis)可以理解为方向，使用 0、1、2 等数字表示。对于一维数组，只有一个 0 轴；对于二维数组(shape(3,2))，有 0 轴和 1 轴，如图 4-2 所示；对于三维数组(shape(3,2,3))，有 0、1、2 轴，如图 4-3 所示。

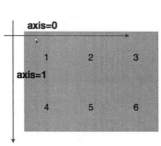

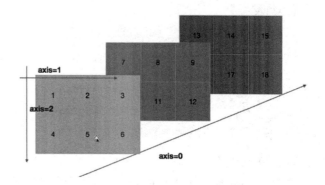

图 4-2   二维数组的轴   图 4-3   三维数组的轴

2. N 维数组

1)   创建 N 维数组

Ndarray(N-dimensional array)是一个由相同类型的元素组成的多维数组，元素的数据类型由 dtype 属性指定，每个 Ndarray 只有一种 dtype 类型。创建 N 维数组有两种方式。

- 使用 array()函数，接收一个普通的 Python 序列，再转换成 Ndarray。
- 使用 arange()函数(类似于 Python 中的 range()函数)，通过指定开始值、终值和步长来创建一维数组。

【例 4-4】通过 array()函数、range()函数和 arange()函数分别创建 a、b、c 三个数组，并输出结果和类型。

【示范代码】

```python
#导入 Numpy 模块
import numpy as np
#通过 array()函数创建数组
a= np.array([1,2,3,4,5])
#输出结果和类型
print(a)
print(type(a))
#通过 range()函数创建数组
b = np.array(range(1,6))
#输出结果和类型
print(b)
print(type(b))
#使用 arange()函数创建数组
c= np.arange(1,6)
#输出结果和类型
print(c)
print(type(c))
```

【运行结果】

```
[1 2 3 4 5]
<class 'numpy.ndarray'>
[1 2 3 4 5]
<class 'numpy.ndarray'>
[1 2 3 4 5]
<class 'numpy.ndarray'>
```

2) Numpy 数据类型

创建 Numpy 时，可以使用 dtype 属性指定数据类型，如果不指定，Numpy 会自行判断合适的数据类型。Numpy 支持的数据类型如表 4-1 所示。

表 4-1 Numpy 支持的数据类型

数据类型	类型代码	说　明
int32 或 int64	i4 或 i8	整数型，根据计算机的配置进行显示
float32 或 float64	f4 或 f8	浮点型，根据计算机的配置进行显示
bool	?	存储值为 True 或 False 的布尔值类型
string	s	固定长度的字符串类型
unicode	u	固定长度的 unicode 类型

【例 4-5】创建 a、b 两个不同类型的数组变量，使用 type()函数输出变量类型，使用 dtype 属性输出当前变量存储的数据类型。

【①示范代码】

```
import numpy as np
a= np.array([1,2,3,4,5])
#输出结果
print(a)
#输出变量的类型
print(type(a))
#输出当前变量存储的数据类型
print(a.dtype)
```

【运行结果】

```
[1 2 3 4 5]
<class 'numpy.ndarray'>
int32
```

【②示范代码】

```
b=np.array([1,2,3,4,5],dtype='float')
#输出结果
print(b)
```

```
#输出变量的类型
print(type(b))
#输出当前变量存储的数据类型
print(b.dtype)
```

【运行结果】

```
[1. 2. 3. 4. 5.]
<class 'numpy.ndarray'>
float64
```

3)　数组的元素个数与维度

Python 可以使用 ndim 查看数组的维度，使用 size 查看数组的元素个数。

【例 4-6】定义变量 a，分别输出数组、数组的元素个数、维度。

【示范代码】

```
import numpy as np
a=np.arange(9).reshape(3,3)
print('输出数组\n',a)
print('数组元素的个数是\n',a.size)
print('数组的维度是\n',a.ndim)
```

【运行结果】

```
输出数组
 [[0 1 2]
 [3 4 5]
 [6 7 8]]
数组的元素个数是 9
数组的维度是 2
```

4)　数组的形状

Python 可以使用 shape 函数直接修改原 Ndarray 的值，也可以使用 reshape() 函数修改原 Ndarray 的形状，并将修改结果保存至一个新的数组中。

【例 4-7】使用 arange() 函数生成 0~9 的一维数组 arr1，并输出数组的结果、元素个数和维度；使用 shape 函数将一维数组修改为二维数组(2,5)，并输出修改后数组的结果、元素个数和维度。

【示范代码】

```
import numpy as np
arr1=np.arange(10)
print('输出数组\n',arr1)
print('数组的元素个数是\n',arr1.size)
print('数组的维度是\n',arr1.ndim)
```

```
#使用 shape 函数修改数组为二维数组
arr1.shape=2,5
print('输出数组\n',arr1)
print('数组的元素个数是\n',arr1.size)
print('数组的维度是\n',arr1.ndim)
```

【运行结果】

```
输出数组
 [0 1 2 3 4 5 6 7 8 9]
数组的元素个数是 10
数组的维度是 1
输出数组
 [[0 1 2 3 4]
 [5 6 7 8 9]]
数组的元素个数是 10
数组的维度是 2
```

【例 4-8】 使用 arange()函数生成 0～9 的一维数组 arr1，并输出数组的结果；使用 reshape()函数将一维数组修改为二维数组(2,5)，并输出修改后数组的结果、元素个数和维度。

【示范代码】

```
arr1=np.arange(10)
print('输出数组\n',arr1)
#使用 reshape()函数修改数组形状，不会改变原数组的值，而是将改变的结果赋值到新的数组
arr2=arr1.reshape((2,5))
print('输出数组\n',arr2)
print('数组的元素个数是\n',arr2.size)
print('数组的维度是\n',arr2.ndim)
```

【运行结果】

```
输出数组[0 1 2 3 4 5 6 7 8 9]
输出数组
 [[0 1 2 3 4]
 [5 6 7 8 9]]
数组的元素个数是 10
数组的维度是 2
```

4.2.2 Numpy 数据处理

1. 数组与标量、数组的运算

标量就是非向量，可以简单地理解为单个数字。Numpy 数组可以和标量进行加、减、乘、除四则算术运算，Numpy 数组之间也支持算术运算。

【例 4-9】使用 array()函数创建一维数组 arr1，进行数组与标量(数字 2)的加法运算、减法运算、乘法运算和乘方运算，并输出结果。

【示范代码】

```
import numpy as np
#创建数组 arr1
arr1 = np.array([1,2,3,4,5])
print(arr1)
#数组与标量的加法运算
arr1 = arr1+2
print(arr1)
#数组与标量的减法运算
arr1=arr1-2
print(arr1)
#数组与标量的乘法运算
arr1=arr1*2
print(arr1)
#数组与标量的乘方运算
arr1=arr1**2
print(arr1)
```

【运行结果】

```
[1 2 3 4 5]
[3 4 5 6 7]
[1 2 3 4 5]
[ 2  4  6  8 10]
[  4  16  36  64 100]
```

【例 4-10】使用 array()函数创建二维数组 arr2 和 arr3，对数组 arr2 和数组 arr3 进行加法运算、乘法运算和除法运算，并输出结果。

【示范代码】

```
import numpy as np
arr2=np.array([[1,2.0],[1.9,3.4]])
arr3=np.array([[3.6,1.2],[2.0,1.2]])
#加法运算
arr4=arr2+arr3
print(arr4)
```

```
#乘法运算
arr5=arr2*arr3
print(arr5)
#除法运算
arr6=arr2/arr3
print(arr6)
```

【运行结果】

```
[[4.6 3.2]
 [3.9 4.6]]
[[3.6  2.4 ]
 [3.8  4.08]]
[[0.27777778 1.66666667]
 [0.95       2.83333333]]
```

2. 数组的索引与切片

1) 索引

一维数组索引的用法和 Python 基础语法中索引的用法一样,支持从 0 开始的正数索引和从-1 开始的负数索引。

【例 4-11】使用 arange()函数创建一维数组变量 a,对变量 a 完成正索引(索引下标为 2 的元素)和负索引(索引下标为-2 的元素),并输出结果。

【示范代码】

```
import numpy as np
a=np.arange(6)
print('输出数组a\n',a)
#正索引:索引下标为2的元素
print('第一次提取结果\n',a[2])
#负索引:索引下标为-2的元素
print('第二次提取结果\n',a[-2])
```

【运行结果】

```
输出数组a [0 1 2 3 4 5]
第一次提取结果2
第二次提取结果4
```

二维数组的索引支持两种方法,第一种方法是使用两个中括号,其中第一个中括号是行的下标,第二个中括号是列的下标;第二种方法是使用一个中括号,用两个逗号隔开。

【例 4-12】使用 arange()函数创建二维数组变量 a，分别使用两个中括号和一个中括号进行索引。

【示范代码】

```
import numpy as np
a=np.arange(9).reshape(3,3)
print('输出数组 a\n',a)
#第一种方法
print('第一种方法提取结果\n',a[0][1])
#第二种方法
print('第二种方法提取结果\n',a[0,1])
```

【运行结果】

```
输出数组 a
 [[0 1 2]
 [3 4 5]
 [6 7 8]]
第一种方法提取结果 1
第二种方法提取结果 1
```

2) 切片

数组的切片和 Python 基础语法中切片的用法一样，适合于数组内连续元素的提取。

【例 4-13】使用 arange()函数创建二维数组 b，完成相应切片操作并输出结果。

【示范代码】

```
import numpy as np
b = np.arange(9).reshape(3,3)
print(b)
print('第一次提取结果\n',b[1:3,1:2])
#一个冒号或者一个省略号都表示提取全部元素
print('第二次提取结果\n',b[1,:])
print('第三次提取结果\n',b[1,...])
#提取第二列
print('第四次提取结果\n',b[:,1])
```

【运行结果】

```
 [[0 1 2]
 [3 4 5]
 [6 7 8]]
```

第一次提取结果
```
[[4]
 [7]]
```
第二次提取结果 [3 4 5]

第三次提取结果 [3 4 5]

第四次提取结果 [1 4 7]

任务 4.3 Pandas 数据结构

4.3.1 Series 数据结构

Series 数据结构

Series 是 Pandas 中用来处理一维数据的结构，它由一组数据(各种 Numpy 数据类型)以及一组与之相关的数据标签(即索引)组成。Series 类似 Excel 表格中的一个列(column)，类似于一维数组，可以保存任何数据类型，其数据结构如图 4-4 所示。

index	value
0	12
1	-4
2	7
3	9

图 4-4 Series 数据结构

1. 创建 Series

Series 主要有两个参数：索引列和数据列。创建 Series 时，必须填写数据列参数。列表、字典等都可以作为数据列参数。索引列参数可以不填，如果要填写，则必须与数据列参数的个数匹配。

1) 通过列表创建 Series

【例 4-14】定义列表变量 a，然后通过列表变量 a 创建 Series，并输出结果。

【示范代码】

```
#导入 Pandas 模块
import pandas as pd
#定义变量 a
a = [1,2,3]
#定义变量 myvar，创建 Series
myvar = pd.Series(a)
#输出 myvar
print(myvar)
```

【运行结果】

运行结果如图 4-5 所示。

图 4-5　创建 Series

如果没有指定索引，索引值就从 0 开始。例 4-15 中创建 Series 时指定了索引值。

【例 4-15】定义列表变量 a，通过列表变量 a 创建 Series，指定索引值为 "['诚信','富国','文明']"，并输出结果。

【示范代码】

```
#导入 Pandas 模块
import pandas as pd
#定义变量 a
a = [1, 2, 3]
#定义变量 myvar，创建 Series，并给 a 指定索引值
myvar = pd.Series(a,index=['诚信','富国','文明'])
#输出 myvar
print(myvar)
```

【运行结果】

```
诚信    1
富国    2
文明    3
dtype: int64
```

2)　通过字典创建 Series

【例 4-16】定义字典变量 dict，通过字典变量 dict 创建 Series，并输出结果。

【示范代码】

```
#导入 Pandas 模块
import pandas as pd
#定义字典 dict
dict = {'应收账款':1122,'原材料':1403,'库存商品':1405}
#定义变量 asc，创建 Series
asc = pd.Series(dict)
#输出变量 asc
print(asc)
```

【运行结果】

```
应收账款    1122
原材料      1403
库存商品    1405
dtype: int64
```

从输出结果可知，字典的 key 变成了索引值。例 4-17 是通过指定索引来获取部分数据。

【例 4-17】定义字典变量 dict，通过字典变量 dict 创建 Series，同时指定索引值为"index=['原材料','应收账款']"，并输出结果。

【示范代码】

```
#导入 Pandas 模块
import pandas as pd
#定义字典变量 dict
dict = {'应收账款':1122,'原材料':1403,'库存商品':1405}
#定义变量 asc1，创建 Series
asc1 = pd.Series(dict,index=['原材料','应收账款'])
#输出变量 asc1
print(asc1)
```

【运行结果】

```
原材料      1403
应收账款    1122
dtype: int64
```

2. 查看 Series

使用指定标签创建的 Series，既可以用下标访问元素，也可以用标签访问元素。

1) 用下标访问元素

【例 4-18】定义列表变量 a 后，通过 a 创建 Series，用下标 0 访问对应的值，并输出结果。

【示范代码】

```
#导入 Pandas 模块
import pandas as pd
#定义变量 a
a = [1,2,3]
#定义变量 myvar，创建 Series
myvar = pd.Series(a)
```

```
#输出 myvar 变量中下标 0 所对应的值
print(myvar[0])
```

【运行结果】

```
1
```

2) 用标签访问元素

【例 4-19】定义列表变量 a 后，通过 a 创建 Series，同时指定索引值为 "index=['诚信',' 富国','文明']"，输出变量 myvar 的值和索引'诚信'对应的值。

【示范代码】

```
#导入 Pandas 模块
import pandas as pd
#定义变量 a
a = [1, 2, 3]
#定义变量 myvar，创建 Series，并给 a 指定索引值
myvar = pd.Series(a,index=['诚信','富国','文明'])
#输出变量 myvar 和索引"诚信"对应的值
print(myvar)
print(myvar['诚信'])
```

【运行结果】

```
诚信     1
富国     2
文明     3
dtype: int64
1
```

3. 选取值

Python 可以使用切片的方式选取 Series 中连续的元素。

【例 4-20】定义字典变量 dict1，内容为 "{'应收账款':1122,'原材料':1403,'库存商品':1405, '固定资产':1601,'在建工程':1604}"。通过字典变量 dict1 创建 Series，存储在变量 asc2 中，并输出结果。最后使用切片的方式直接选取从"库存商品"至"在建工程"的内容。

【示范代码】

```
#导入 Pandas 模块
import pandas as pd
#定义字典 dict1
```

```
dict1 = {'应收账款':1122,'原材料':1403,'库存商品':1405,'固定资产':1601,'在建工
程':1604}
#定义变量asc2,创建Series
asc2 = pd.Series(dict1)
#输出变量asc2
print(asc2['库存商品':'在建工程'])
```

【运行结果】

```
库存商品      1405
固定资产      1601
在建工程      1604
dtype: int64
```

【例4-21】承例4-20,使用下标[1:4]获取区间数据,并输出结果。

【示范代码】

```
#使用下标[1:4]获取区间数据
print(asc2[1:4])
```

【运行结果】

```
原材料        1403
库存商品      1405
固定资产      1601
dtype: int64
```

4.3.2　DataFrame 数据结构

DataFrame 是一个表格型的数据结构,包含多组有序的列,每列可以是
不同的数据类型(数值、字符串、布尔型值)。DataFrame 既有行索引(index),
也有列索引(columns)。DataFrame 可以认为是由多个 Series 组成的数据结构,
如图4-6和图4-7所示。

DataFrame
数据结构

图4-6　Series 数据结构与 DataFrame 数据结构

Series1			Series2			Series3			DataFrame			
	货币资金			应收账款			预付账款			货币资金	应收账款	预付账款
2020	9397		2020	6108		2020	371		2020	9397	6108	371
2021	367	+	2021	3359	+	2021	305	=	2021	367	3359	305
2022	51		2022	1820		2022	161		2022	51	1820	161

图 4-7　DataFrame 数据结构示例

1. 创建 DataFrame

创建 DataFrame 的语法格式如下：

```
pandas.DataFrame(data,index,columns,dtype,copy)
```

参数说明如下。

- data：表示一组数据(支持列表、字典等数据类型)。
- index：表示索引值，或者称为行标签。
- columns：表示列标签，默认为 RangeIndex(0,1,2,…,n)。
- dtype：表示数据类型。
- copy：表示复制数据，默认为 False。

1) 通过列表创建 DataFrame

【例 4-22】 定义列表变量 data，通过复制 data 创建 DataFrame，同时指定行索引为 "[1,2,3]"、列索引为"['科目编码','会计科目','期初余额']"。将 DataFrame 存储在变量 account 中，并输出结果。

【示范代码】

```
#导入 Pandas 模块
import pandas as pd
#定义变量 data
data = [['151101','长期股权投资-成本',112170],['151102','长期股权投资-损益调整',
5480],['151103','长期股权投资-其他权益变动',200]]
#创建 DataFrame
account = pd.DataFrame(data,columns = ['科目编码','会计科目','期初余额'],
                       index=[1,2,3])
#输出结果
print(account)
```

【运行结果】

	科目编码	会计科目	期初余额
1	151101	长期股权投资-成本	112170
2	151102	长期股权投资-损益调整	5480
3	151103	长期股权投资-其他权益变动	200

2) 通过字典创建 DataFrame

【例 4-23】定义字典变量 dict，通过 dict 创建 DataFrame，同时指定行索引为[1,2,3]。将 DataFrame 存储在变量 account 中，并输出结果。

【示范代码】

```
#导入 Pandas 模块
import pandas as pd
#定义变量 dict
dict= {'科目编码':['151101','151102','151103'],
      '会计科目': ['长期股权投资-成本','长期股权投资-损益调整',
      '长期股权投资-其他权益变动'],'期初余额':[112170,5480,200]}
#创建 DataFrame
account = pd.DataFrame(dict,index=[1,2,3])
#输出结果
print(account)
```

【运行结果】

	科目编码	会计科目	期初余额
1	151101	长期股权投资-成本	112170
2	151102	长期股权投资-损益调整	5480
3	151103	长期股权投资-其他权益变动	200

2. 查看 DataFrame

Python 可以访问 DataFrame 索引、列标签，也可以访问 DataFrame 的值，还可以查看 DataFrame 前 i 行数据和后 i 行数据，具体方式如表 4-2 所示。

表 4-2 查看 DataFrame 的方式

语法格式	含　义
df.index	访问索引
df.columns	访问列标签
df.values	访问 DataFrame 的值
df[]	使用列标签，访问 DataFrame 对应的列值

语法格式	含　义
df.loc[]	使用列索引，访问 DataFrame 对应的行值
df.head(i)	查看前 i 行数据，不定义 i，默认查看前 5 行数据
df.tail(i)	查看后 i 行数据，不定义 i，默认查看后 5 行数据

【例 4-24】承例 4-23，输出访问索引、访问列标签、访问 DataFrame 的值、访问索引为 1 时对应的行值。

【示范代码】

```
#访问索引
print(account.index)
#访问列标签
print(account.columns)
#访问 DataFrame 的值
print(account.values)
#访问 DataFrame 的行值
print(account.loc[1])
```

【运行结果】

```
Int64Index([1, 2, 3], dtype='int64')
Index(['科目编码', '会计科目', '期初余额'], dtype='object')
[['151101' '长期股权投资-成本' 112170]
 ['151102' '长期股权投资-损益调整' 5480]
 ['151103' '长期股权投资-其他权益变动' 200]]
科目编码        151101
会计科目       长期股权投资-成本
期初余额        112170
Name: 1, dtype: object
```

【例 4-25】定义列表变量 a，通过 a 创建 DataFrame，同时指定列索引为 "columns=['工号','姓名','部门','出勤天数','基本工资']"，行索引为 "index=[1,2,3,4,5,6]"。将 DataFrame 存储在变量 staff 中，并输出结果。然后分别访问和输出前 3 行数据，访问和输出前 5 行数据，访问和输出后 2 行数据，访问和输出后 5 行数据。

【示范代码】

```
#导入 Pandas 模块
import pandas as pd
#定义变量 a
a = [['001','林海','行政部',20,18000],['002','黎明','财务部',20,12000],
     ['003','张哇','销售部',20,20000],['004','刘成','销售部',20,20000],
     ['005','林芝','采购部',20,19000],['006','郝谢','行政部',20,18000]]
```

```
#创建 DataFrame
staff = pd.DataFrame(a,columns=['工号','姓名','部门','出勤天数','基本工资'],
index=[1,2,3,4,5,6])
#输出员工信息表
print(staff)
#访问和输出前 3 行数据
print(staff.head())
#访问和输出前 5 行数据
print(staff.head())
#访问和输出后 2 行数据
print(staff.tail(2))
#访问和输出后 5 行数据
print(staff.tail())
```

【运行结果】

运行结果如图 4-8 所示。

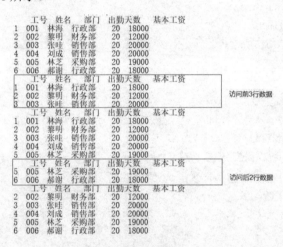

图 4-8　查看 DataFrame

3. 选取值

Python 支持使用行切片的方式选取 DataFrame 连续的元素。

【例 4-26】承例 4-23，选取变量 account 第 1 行和第 2 行的数据，并输出结果。

【示范代码】

```
#选取第 1 行和第 2 行的数据
print(account.loc[0:2])
```

【运行结果】

	科目编码	会计科目	期初余额
1	151101	长期股权投资–成本	112170
2	151102	长期股权投资–损益调整	5480

4. 修改 DataFrame

1) 增加列数据

【例 4-27】承例 4-23，增加列数据"本期发生额"，值为"[0,2000,150]"，并输出结果。

【示范代码】

```
#增加列数据"本期发生额"
account['本期发生额'] = [0,2000,150]
#输出新增结果
print(account)
```

【运行结果】

	科目编码	会计科目	期初余额	本期发生额
1	151101	长期股权投资–成本	112170	0
2	151102	长期股权投资–损益调整	5480	2000
3	151103	长期股权投资–其他权益变动	200	150

2) 增加行数据

【例 4-28】承例 4-27，新增行数据"['1002','银行存款',15000,5000]"，并输出结果。

【示范代码】

```
#增加行数据"银行存款"
account.loc[4]=['1002','银行存款',15000,5000]
#输出新增结果
print(account)
```

【运行结果】

	科目编码	会计科目	期初余额	本期发生额
1	151101	长期股权投资–成本	112170	0
2	151102	长期股权投资–损益调整	5480	2000
3	151103	长期股权投资–其他权益变动	200	150
4	1002	银行存款	15000	5000

3) 修改行/列数据

【例 4-29】承例 4-28，将"银行存款"修改为"['1121','应收账款',20000,13000]"，并输出结果。

【示范代码】

```
account.loc[4]=['1121','应收账款',20000,13000]
print(account)
```

【运行结果】

	科目编码	会计科目	期初余额	本期发生额
1	151101	长期股权投资–成本	112170	0

2	151102	长期股权投资-损益调整	5480	2000
3	151103	长期股权投资-其他权益变动	200	150
4	1121	应收账款	20000	13000

4) 删除数据

Python 支持删除 DataFrame 中某个值和删除整个 DataFrame 数据，具体方法如表 4-3 所示。

表 4-3　删除数据的方式

语法格式	含　义
del df[]	删除某个值
del df	删除整个 DataFrame 数据。需要注意的是，删除整个 DataFrame 之后，再读取数据时，程序会报错
drop()	调用函数删除数据时，默认是删除行，即默认 axis=0；如果要删除列，需要设置 axis=1

【例 4-30】承例 4-29，删除列"本期发生额"，并输出删除后的结果。删除第四行，并输出删除后的结果。删除整个 DataFrame 数据，并输出删除后的结果。

【①示范代码】

```
#删除列"本期发生额"
del account['本期发生额']
print(account)
```

【运行结果】

	科目编码	会计科目	期初余额
1	151101	长期股权投资-成本	112170
2	151102	长期股权投资-损益调整	5480
3	151103	长期股权投资-其他权益变动	200
4	1121	应收账款	20000

【②示范代码】

```
#删除第四行
account=account.drop(4)
print(account)
```

【运行结果】

	科目编码	会计科目	期初余额
1	151101	长期股权投资-成本	112170
2	151102	长期股权投资-损益调整	5480
3	151103	长期股权投资-其他权益变动	200

【③示范代码】

```
#删除整个 DataFrame 数据
del account
print(account)
```

【运行结果】

```
Traceback (most recent call last):
  File "D:/编程/4.1.3dataframe数据结构.py", line 7, in <module>
    print(account)
NameError: name 'account' is not defined
```

任务 4.4　Pandas 文件操作

Pandas 提供了一系列与 read 相关的函数，用于读取文件中的数据，并形成 DataFrame，再利用 DataFrame 进行数据分析、处理等操作。本书仅介绍如何操作与财务工作相关的 Excel 文件。

Pandas 文件操作

4.4.1　安装 openpyxl

openpyxl 专门用于处理 Excel 2007 及以上版本的.xlxs 格式的文件，因此在学习 Pandas 对 Excel 文件的操作前，需要安装 openpyxl。首先，在计算机中打开 cmd 命令窗口，输入 pip install openpyxl 语句，然后程序会提示 "Sucessfully installed"，表示 openpyxl 安装成功，如图 4-9 所示。

```
命令提示符                                                               —  □  ×
Microsoft Windows [版本 10.0.22000.2538]
(c) Microsoft Corporation。保留所有权利。

C:\Users\10964>pip install openpyxl
Collecting openpyxl
  Using cached https://files.pythonhosted.org/packages/6a/94/a59521de836ef0da54aaf50da6c4da8fb4072fb3053fa71f052fd9399e7
a/openpyxl-3.1.2-py2.py3-none-any.whl
Collecting et-xmlfile (from openpyxl)
  Using cached https://files.pythonhosted.org/packages/96/c2/3dd434b0108730014f1b96fd286040dc3bcb70066346f7e01ec2ac95865
f/et_xmlfile-1.1.0-py3-none-any.whl
Installing collected packages: et-xmlfile, openpyxl
Successfully installed et-xmlfile-1.1.0 openpyxl-3.1.2
WARNING: You are using pip version 19.2.3, however version 23.3.2 is available.
You should consider upgrading via the 'python -m pip install --upgrade pip' command.

C:\Users\10964>_
```

图 4-9　安装 openpyxl

4.4.2　读取 Excel 文件

Pandas 读取 Excel 文件的语法格式如下：

```
pd.read_excel(io,Sheet_name=0,header=0,names=None,index_col=None,usecols
=None,converters=None)
```

参数说明如下。

- io：表示读取文件的路径，如果文件路径中有 "\\"，需要在字符串前边写 "r"，以防止字符转义。如果路径中有 "/"，那么字符串前边不用写 "r"。
- Sheet_name：表示导入的 sheet 页，默认是第一页。

- header：表示将哪一行设置为列名，系统默认为 0，即将第一行设置为列名。

- names：表示自定义列名，默认不设置，直接引用导入数据的列名。

- index_col：表示用作行索引的列，默认设置不带行索引，index_col=0，表示将第一列作为行索引。

- usecols：表示读取哪些列，它的值可以是整型(从 0 开始)，也可以是定义的列名。

- converters：表示强制规定列数据类型，如 "converters={'学号':str,'年龄':int}" 表示将 "学号" 列强制规定为字符串类型，将 "年龄" 列强制规定为整型。

【例 4-31】读取完美世界资产负债表数据。

【示范代码】

```
#读取完美世界资产负债表，并显示全部信息
import pandas as pd
balance = pd.read_excel(./完美世界资产负债表.xlsx',sheet_name='完美世界资产负债表')①
print(balance)
```

【运行结果】

运行结果如图 4-10 所示。

```
      Unnamed: 0 2021-12-31 00:00:00  ... 2018-12-31 00:00:00 2017-12-31 00:00:00
0        流动资产                 NaN  ...                NaN                NaN
1        货币资金              343600  ...             422900             323600
2    交易性金融资产               98880  ...                  -                  -
3   应收票据及应收账款              109200  ...             196400             166200
4      其中:应收票据                  \  ...                  -               6707
60        未分配利润             648200  ...             443800             297900
61  归属于母公司股东权益总计         1029000  ...             843900             796400
62       少数股东权益              21440  ...              86980              82260
63       股东权益合计            1050000  ...             930900             878700
64   负债和股东权益总计            1704000  ...            1598000            1658000

[65 rows x 6 columns]
>>>
```

图 4-10 完美世界资产负债表

4.4.3 写入 Excel 文件

Pandas 支持将 Series 数据结构和 DataFrame 数据结构写入单个或多个 Excel 工作表。下面分别介绍具体的操作方法。

1. 写入单个 Excel 文件

Pandas 支持将 Series 数据结构和 DataFrame 数据结构写入 Excel 表，语法格式如下：

```
df.to_excel(io,sheet_name=0,index=True)
```

---

① 读取文件方式为相对路径，以 "./" 开头，代表当前目录和文件目录在同一个目录里。本节后续均采用相对路径方式。

参数说明如下。

- io：表示文件存储路径。
- sheet_name=0：表示写入 sheet 页名称，默认索引为 0，表示写入第一张表。也可以使用表名写入，如 sheet_name='表名'。
- index=True：表示是否输出索引。index=True 表示输出；index=None 表示不输出。

【例 4-32】定义列表变量 a，通过 a 创建 DataFrame，同时指定列索引为 "columns=['工号','姓名','部门','出勤天数','基本工资']"，行索引为 "index=[1,2,3,4,5,6]"。将 DataFrame 存储在变量 staff 中，并输出结果。用创建的 staff 生成员工信息，并存储至指定文件夹中，工作簿命名为 "员工信息表"。

【示范代码】

```
#导入 Pandas 模块
import pandas as pd
#定义变量 a
a = [['001','林海','行政部',20,18000],
     ['002','黎明','财务部',20,12000],
     ['003','张哇','销售部',20,20000],
     ['004','刘成','销售部',20,20000],
     ['005','林芝','采购部',20,19000],
     ['006','郝谢','行政部',20,18000]]
#创建 DataFrame
staff = pd.DataFrame(a,columns=['工号','姓名','部门','出勤天数','基本工资'],
                     index=[1,2,3,4,5,6])
#输出员工信息
print(staff)
#将员工信息生成员工信息表.xlsx
staff.to_excel('./员工信息表.xlsx',sheet_name= '员工信息表')
```

【运行结果】

运行结果图 4-11 所示。

图 4-11 员工信息表

2. 写入多个 Excel 工作表

Pandas 支持将多个 Series 数据结构和 DataFrame 数据结构写入同一个 Excel 文件中的不同工作表中，语法格式如下：

```
with pd.ExcelWriter(io,mode='a',engine='openpyxl')as writer:
  df.to_excel(writer,sheet_name='表1',index= False)
```

参数说明如下。

- with：表示适合对资源进行访问的场合，这样可确保不管使用过程中是否发生异常，都会执行必要的"清理"操作。
- mode：值为'w'或'a'。当 mode='w'时，表示当前文件中的内容会被写入的内容覆盖；当 mode='a'时，表示会在原有的 Excel 文件内容后追加写入的内容。
- engine：当操作的 Excel 文件为".xlsx"格式时，engine ='openpyxl'；当操作的 Excel 文件为".xls"格式时，engine = 'xrd'。
- as writer：设置别名为 writer。

【例 4-33】首先给定 DataFrame 变量 file、file1、file2，然后将变量 file 保存至"利润表"工作簿的"2021 年利润表"工作表中，同时将 file1 和 file2 的内容保存至"利润表"工作簿的不同工作表中，即将 file1 内容保存至"2020 年利润表"工作表，将 file2 内容保存至"2019 年利润表"工作表。

【示范代码】

```
#导入 Pandas 模块
import pandas as pd
#给定变量 file
profit = [['营业收入',484061.53],['营业成本',210264.15], ['税金及附加',
2500.81],['销售费用',4397.96],['财务费用',202843.16],['管理费用',
42182.03],['研发费用',4836.25]]
file = pd.DataFrame(profit,columns=['项目','金额'],index=[1,2,3,4,5,6,7])
#将 file 内容保存至工作簿"利润表"中，工作表命名为"2021 年利润表"
file.to_excel('./利润表.xlsx',sheet_name = '2021 年利润表')
#给定变量 file1
profit1 = [['营业收入',624442],['营业成本',202338.85],['税金及附加',
20923.1],['销售费用',4369.58],['财务费用',47091.88],['管理费用',36934.51],
['研发费用',4904.58]]
file1 = pd.DataFrame(profit1,columns=['项目','金额'],index=[1,2,3,4,5,6,7])
#给定变量 file2
profit2 = [['营业收入',547003.99],['营业成本',204869.15],['税金及附加',
16324.75],['销售费用',3827.16],['财务费用',5531.21],['管理费用',25848.7],
['研发费用',0]]
file2 = pd.DataFrame(profit2,columns=['项目','金额'],index=[1,2,3,4,5,6,7])
```

```
#将 file1 和 file2 的内容同时保存至工作簿“利润表”，工作表分别命名为“2020 年利润表”、“2019 年利润表”
with pd.ExcelWriter('.利润表.xlsx',mode='a',engine='openpyxl')as writer:
    file1.to_excel(writer,sheet_name = '2020 年利润表')
    file2.to_excel(writer,sheet_name = '2019 年利润表')
```

【运行结果】

运行结果如图 4-12 所示。

	项目	金额
1	营业收入	624442
2	营业成本	202338.85
3	税金及附加	20923.1
4	销售费用	4369.58
5	财务费用	47091.88
6	管理费用	36934.51
7	研发费用	4904.58

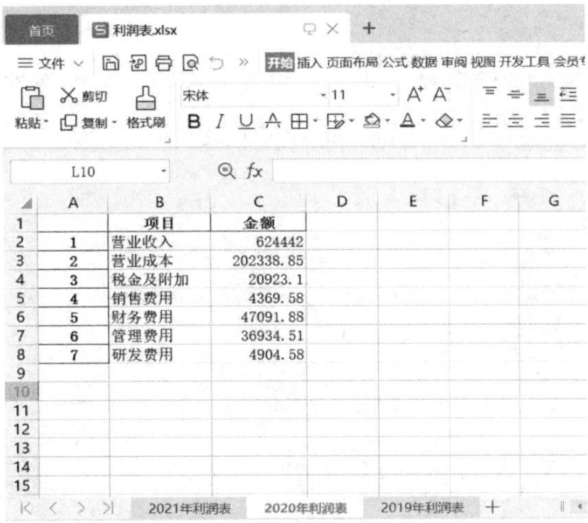

图 4-12　利润表

任务 4.5　Pandas 数据分析

Pandas 数据处理

4.5.1　Pandas 数据处理

前文介绍了用 Pandas 模块读取文件、获取数据的方法，通过这些方法采集到的数据称为原生数据。原生数据通常无法满足用户对数据的基本要求，需要对数据进行清洗，并转换为后续分析工作所需要的数据。通过数据清洗，可得到能够直接处理的高质量数据。

1. 处理缺失数据

缺失值是指现有数据集中某个属性丢失的值。在数据分析工作中，经常会出现缺失数据的现象，原因可能是数据没有采集成功，也可能是传输、存储出现故障。在 Pandas 中，缺失值表示为 NaN(not a number)。对缺失数据进行处理的流程如图 4-13 所示。第一步就是查找缺失值。当发现数据显示为 NaN 时，代表数据集中存在缺失值。当数据量很小时，可以用肉眼

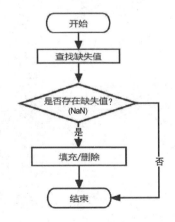

图 4-13　处理缺失值的流程

快速识别；但当数据量很大时，无法进行快速、准确的定位，则需要依靠程序查找缺失值。第二步，找出缺失值后，根据业务需求判断是否对这些缺失值进行处理，常用的处理方法有删除缺失值和填充缺失值两种。

2. 查找缺失值

Pandas 是用 isnull()函数判断是否存在缺失值，如果存在缺失值，isnull()函数返回 True，否则返回 False，语法格式如下：

```
DataFrame.isnull()
```

【例 4-34】读取完美世界流动资产表后，将读取的数据写入新的文件，并将文件命名为"数据处理"。然后判断数据是否存在缺失值，并输出判断结果。

【示范代码】

```
import pandas as pd
Balance1=pd.read_excel('./完美世界流动资产表.xlsx')
#将 balance1 的数据写入新的文件"数据处理"
deal = balance1.to_excel('./数据处理.xlsx')
check = pd.read_excel('./数据处理.xlsx')
print(check)
#判断是否存在缺失值
print(check.isnull())
```

【运行结果】

运行结果如图 4-14 所示。

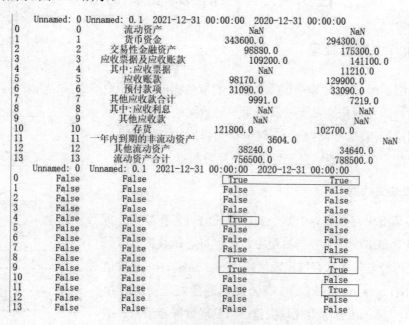

图 4-14　查找缺失值

3. 处理缺失值

1) 删除缺失值

Pandas 使用 dropna()函数删除值为空的数据行，具体的语法格式如下。

① 删除整行数据全为缺失值的行：

```
DataFrame.dropna(how='all')
```

② 删除有缺失值的列：

```
DataFrame.dropna(axis=1)
```

③ 删除有缺失值的行：

```
DataFrame.dropna(axis=0)
```

④ 删除整列数据全为缺失值的列：

```
DataFrame.dropna(axis=1,how ='all')
```

【例 4-35】承例 4-34，删除存在缺失值的行。

【示范代码】

```
#删除存在缺失值的行
print(check.dropna(axis=0))
```

【运行结果】

运行结果如图 4-15 所示。

```
   Unnamed: 0 Unnamed: 0.1  2021-12-31 00:00:00  2020-12-31 00:00:00
1           1        货币资金             343600.0             294300.0
2           2   交易性金融资产              98880.0             175300.0
3           3  应收票据及应收账款            109200.0             141100.0
5           5        应收账款              98170.0             129900.0
6           6        预付款项              31090.0              33090.0
7           7    其他应收款合计               9991.0               7219.0
10         10          存货             121800.0             102700.0
12         12      其他流动资产              38240.0              34640.0
13         13      流动资产合计             756500.0             788500.0
>>>
```

图 4-15　删除存在缺失值的行

从图 4-15 中可以看出，存在缺失值的行分别为 0 行、4 行、8 行、9 行和 11 行，删除存在缺失值的行后，运行结果中已经删除这几行。

2) 填充缺失值

填充缺失值会直接改变原有数据集，这可能影响后续数据分析的结果，因此填充缺失值时一定要谨慎。

① 手动填充。手动填充的方法简单粗暴，但效果最好。如果数据集的缺失值本身没有数据，显示 NaN 会影响整体数据的计算，此时，可以将缺失值全部用 0 填充，语法格式

如下：

```
DataFrame.fillna(0)
```

【例 4-36】承例 4-34，手动填充缺失值。

【示范代码】

```
#手动填充缺失值
print(check.fillna(0))
```

【运行结果】

运行结果如图 4-16 所示。

图 4-16　手动填充缺失值

② 邻近填充。邻近填充是指将与缺失值相邻的数据填充给缺失值，这种方法适合零散的不确定性数据(不确定性数据指的是无法被人为确定或没有明显规律的数据)。零散指的是不会连续缺失数十个或上百个数据值。如果连续缺失的值太多，若用邻近填充方式将它们填充为同一数据值，将对整个数据集产生非常大的影响。

邻近填充语法格式如下：

```
DataFrame.fillna(inplace=True,method=None,limit,axis=0)
```

参数说明如下。

- inplace=True 表示直接修改元对象；inplace=False 表示创建一个副本且只修改副本，原对象不变。
- method=None 表示指定一个值去填充缺失值(默认)，method=pad 表示用前一个非缺失值填充该缺失值，method=backfill 表示用下一个非缺失值填充该缺失值。
- limit 表示限制填充个数。
- axis=0 表示按行来填充缺失值(默认)，axis=1 表示按列来填充缺失值。

【例 4-37】承例 4-34，用邻近填充方法将下一个非缺失值填充到该缺失值。

【示范代码】

```
#邻近填充缺失值，用下一个非缺失值填充到该缺失值
print(check.fillna(inplace=False,method='backfill',axis=0))
```

【运行结果】

运行结果如图 4-17 所示。

图 4-17　邻近填充缺失值

③　平均值填充。语法格式如下：

```
DataFrame.fillna(DataFrame.mean())
```

【例 4-38】承例 4-34，对缺失值进行平均值填充。

【示范代码】

```
#平均值填充
print(check.fillna(check.mean()))
```

【运行结果】

运行结果如图 4-18 所示。

图 4-18　对缺失值进行平均值填充

4. 处理重复数据

重复值是指数据集中存在重复数据。重复值可能是系统错误导致的，也可能是多次输入导致的。处理重复数据时，首先要查看数据集中是否存在重复值。如果存在重复值，则删除重复值。处理重复数据的语法格式如下。

① 查看重复值：

```
pd.DataFrame.duplicated(DataFrame)
```

如果存在重复值，结果为 True，否则结果为 False。

② 删除重复值：

```
pd.DataFrame.drop_duplicates(DataFrame)
```

【例 4-39】读取"处理重复值"Excel 文件数据，查看重复数据；如果存在重复数据，则删除重复值，并返回结果。

【示范代码】

```
import pandas as pd
staff = pd.read_excel('./处理重复值.xlsx')
print(staff)
#查看重复数据
print(pd.DataFrame.duplicated(staff))
#删除重复值
print(pd.DataFrame.drop_duplicates(staff))
```

【运行结果】

运行结果如图 4-19 所示。

```
   工号  姓名    部门   基本工资
0   1  林海  行政部  18000
1   2  黎明  财务部  12000
2   1  林海  行政部  18000
3   4  刘成  销售部  20000
4   5  林芝  采购部  17000
5   1  林海  行政部  18000
0    False
1    False
2     True
3    False
4    False
5     True
dtype: bool
   工号  姓名    部门   基本工资
0   1  林海  行政部  18000
1   2  黎明  财务部  12000
3   4  刘成  销售部  20000
4   5  林芝  采购部  17000
>>>
```

图 4-19　处理重复数据

4.5.2　Pandas 数据索引

1. 数据索引

Pandas 数据索引

Pandas 提供了直接索引、布尔索引和索引器三种数据索引方式。通过这三种索引方式，可以从海量数据中选取有效数据，提高数据分析的工作效率。

1)　直接索引

直接索引有单列数据索引、多列数据索引和连续列数据索引三种索引方式。直接索引具体的语法格式如表 4-4 所示。

表 4-4　直接索引的语法格式

语法格式	含　义
DataFrame['列名 1']	选取单列数据
DataFrame['列名 1','列名 2']	选取多列数据，需要在多个列名之间用英文格式的逗号 "," 隔开
DataFrame[起始列索引:结束列索引]	选取连续的列数据，需要在两个列索引之间用英文格式的冒号 ":" 隔开，遵循 "左闭右开"

【例 4-40】承例 4-33，读取 "利润表" 工作簿中的工作表 "2021 年利润表"，并输出结果。选取和输出列名为 "项目" 的数据，再选取和输出列名为 "项目" 和 "金额" 的两列数据。

【①示范代码】

```
#导入 Pandas 模块
import pandas as pd
#读取 "利润表" 工作簿中的 "2021 年利润表"
profit = pd.read_excel('./利润表.xlsx',sheet_name='2021 年利润表')
#输出结果
print(profit)
```

【运行结果】

```
   Unnamed: 0    项目        金额
0           1  营业收入  484061.53
1           2  营业成本  210264.15
2           3  税金及附加    2500.81
3           4  销售费用    4397.96
4           5  财务费用  202843.16
5           6  管理费用   42182.03
6           7  研发费用    4836.25
```

【②示范代码】

```
#选取列名为 "项目" 的数据
print(profit['项目'])
```

【运行结果】

```
0      营业收入
1      营业成本
2      税金及附加
3      销售费用
4      财务费用
5      管理费用
6      研发费用
Name: 项目, dtype: object
```

【③示范代码】

```
#选取"项目"和"金额"两列数据
print(profit[['项目','金额']])
```

【运行结果】

```
       项目        金额
0   营业收入   484061.53
1   营业成本   210264.15
2   税金及附加    2500.81
3   销售费用     4397.96
4   财务费用   202843.16
5   管理费用    42182.03
6   研发费用     4836.25
```

2) 布尔索引

布尔索引是根据 True 和 False 确定的索引，即通过判断是否满足指定条件进行索引。布尔索引的语法格式如表 4-5 所示。

表 4-5　布尔索引的语法格式

语法格式	含　义
DataFrame[DataFrame['列名']==条件]	选取满足一定条件的某列数据
DataFrame[(DataFrame['列名 1'] ==条件 1)&(DataFrame['列名 2'] ==条件 2)]	选取满足一定条件的多列数据

【例 4-41】读取"员工信息表"Excel 文件数据。选取并输出"基本工资为 18 000"的数据，再选取并输出"部门是销售部和基本工资为 20 000"的数据。

【①示范代码】

```
#导入 Pandas 模块
import pandas as pd
#打开员工信息表
```

```
staff = pd.read_excel('./员工信息表.xlsx')
#输出结果
print(staff)
```

【运行结果】

Unnamed: 0	工号	姓名	部门	出勤天数	基本工资
0	1	1	林海	行政部	20	18000
1	2	2	黎明	财务部	20	12000
2	3	3	张哇	销售部	20	20000
3	4	4	刘成	销售部	20	20000
4	5	5	林芝	采购部	20	19000
5	6	6	郝谢	行政部	20	18000

【②示范代码】

```
#选取基本工资为18 000的数据
print(staff[staff['基本工资']==18000])
```

【运行结果】

Unnamed: 0	工号	姓名	部门	出勤天数	基本工资
0	1	1	林海	行政部	20	18000
5	6	6	郝谢	行政部	20	18000

【③示范代码】

```
#选取部门是销售部和基本工资为20 000的数据
print(staff[(staff['部门']=='销售部')&(staff['基本工资']==20000)])
```

【运行结果】

Unnamed: 0	工号	姓名	部门	出勤天数	基本工资
2	3	3	张哇	销售部	20	20000
3	4	4	刘成	销售部	20	20000

3)　索引器

Pandas 提供了 loc 索引器和 iloc 索引器,使用它们可以快速定位选取的行数据和列数据。

(1)　loc 索引器。

loc 索引器使用的是自定义索引,如果数据中没有自定义索引,则使用原始索引(默认索引)。loc 索引器的语法格式如表 4-6 所示。

表 4-6　loc 索引器的语法格式

语法格式	含　义
DataFrame.loc['行名']	选取某一行数据
DataFrame.loc[['行名 1','行名 2'],['列名 1','列名 2']]	选取由行和列组合的数据，行和列之间需要用英文格式的逗号","分隔；多行或多列数据组合时，需要用方括号"[]"分隔
DataFrame.loc[['列名']>条件]	选取满足一定条件的数据
DataFrame.loc['行名 1':'行名 N','列名 1':'列名 N']	选取连续数据

【例 4-42】读取"员工信息表"Excel 文件数据，使用 loc 索引器，选取第二行数据，选取第三行和第四行数据，选取"基本工资小于 20 000"的数据，并分别输出对应的结果。

【①示范代码】

```
#导入 Pandas 模块
import pandas as pd
#打开员工信息表
staff = pd.read_excel('./员工信息表.xlsx')
#输出结果
print(staff)
```

【运行结果】

```
   Unnamed: 0  工号  姓名   部门   出勤天数   基本工资
0           1   1   林海   行政部    20    18000
1           2   2   黎明   财务部    20    12000
2           3   3   张哇   销售部    20    20000
3           4   4   刘成   销售部    20    20000
4           5   5   林芝   采购部    20    19000
5           6   6   郝谢   行政部    20    18000
```

【②示范代码】

```
#选取第二行数据
print(staff.loc[1])
```

【运行结果】

```
Unnamed: 0       2
工号               2
姓名             黎明
部门            财务部
```

```
出勤天数           20
基本工资           12000
Name: 1, dtype: object
```

【③示范代码】

```
#选取第三行和第四行数据
print(staff.loc[[2,3]])
```

【运行结果】

Unnamed:	0	工号	姓名	部门	出勤天数	基本工资
2	3	3	张哇	销售部	20	20000
3	4	4	刘成	销售部	20	20000

【④示范代码】

```
#选取基本工资小于 20 000 的数据
print(staff.loc[staff['基本工资']<20000])
```

【运行结果】

Unnamed:	0	工号	姓名	部门	出勤天数	基本工资
0	1	1	林海	行政部	20	18000
1	2	2	黎明	财务部	20	12000
4	5	5	林芝	采购部	20	19000
5	6	6	郝谢	行政部	20	18000

(2) iloc 索引器。

iloc 索引器是按位置选取数据，只接受整型数值，语法格式如下：

```
DataFrame.iloc[起始行:终止行,起始列:终止列]
```

【例 4-43】读取"员工信息表"Excel 文件数据。使用 iloc 索引器，选取并输出黎明、张哇、刘成三名员工的姓名和部门数据。

【示范代码】

```
#导入 Pandas 模块
import pandas as pd
#打开员工信息表
staff = pd.read_excel('./员工信息表.xlsx')
print(staff.iloc[1:4,2:4])
```

【运行结果】

```
    姓名    部门
1   黎明   财务部
2   张哇   销售部
3   刘成   销售部
```

2. 数据连接合并

数据连接合并操作可以在单张表或多张表中进行。Pandas 可以实现数据的横向和纵向连接，数据连接后会形成一个新的对象(Series 或 DataFrame)。pd.concat()是专门用于数据连接合并的函数，它可以沿着行或列进行操作，语法格式如下：

```
pd.concat(objs,axis=0,join=outer,ignore_index=False,keys=None,
levels=None, name=None,sort=False,verify_integrity=False,copy=True)
```

部分参数说明如下。

- objs：表示需要连接的数据，可以是多个 DataFrame 或 Series。它是必传参数。
- axis：表示连接轴的方法，默认值为 0，即按行连接(横向)，追加在行后面；值为 1 时，表示追加到列后面(纵向)。
- join：表示合并方式，可以规定其他轴上的数据是按交集(inner)还是并集(outer)进行合并，默认为并集。
- ignore_index：表示是否保留原来的索引。

【例 4-44】通过字典的方式创建 DataFrame，命名为 df，字典的内容为"{'工号':7,'姓名':'李梅','部门':'采购部','出勤天数':20,'基本工资':19 000}"。在 df 中新增行数据"[8,'秦亮','销售部', 19,20 000]"。

读取"员工信息表"Excel 文件数据，通过 pd.concat()函数完成对员工信息表中姓名、部门、基本工资纵向数据的筛选，并把数据保存至 data 文件；通过 pd.concat()函数将 df 的数据与 staff 数据横向连接，并保存至 data1 文件。

【示范代码】

```
#导入 Pandas 模块
import pandas as pd
#创建 df
df=pd.DataFrame({'工号':7,'姓名':'李梅','部门':'采购部','出勤天数':20,'基本工资'
:19000},index=[7])
#在 df 中新增行数据
df.loc[8]=[8,'秦亮','销售部',19,20000]
print(df)
#打开员工信息表
```

```
staff = pd.read_excel('./员工信息表.xlsx')
print(staff)
#纵向连接，对表格中的数据进行筛选并保存至新位置
#筛选姓名、部门、基本工资
data = pd.concat([staff['姓名'],staff['部门'],staff['基本工资']],axis=1)
print('纵向连接结果：\n',data)
#横向连接
#将 df 的数据与 staff 数据横向连接
data1 = pd.concat([staff,df],ignore_index=True)
print('横向连接结果：\n',data1)
```

【运行结果】

运行结果如图 4-20 所示。

```
       工号 姓名      部门      出勤天数 基本工资
7    7  王大春   采购部     20   19000
8    8   秦亮   销售部     19   20000
   Unnamed: 0 工号 姓名      部门   出勤天数 基本工资
0           1  1   林海   行政部     20   18000
1           2  2   黎明   财务部     20   12000
2           3  3   张哇   销售部     20   20000
3           4  4   刘成   销售部     20   20000
4           5  5   林芝   采购部     20   19000
5           6  6   郝谢   行政部     20   18000
纵向连接结果：
     姓名      部门   基本工资
0   林海   行政部   18000
1   黎明   财务部   12000
2   张哇   销售部   20000
3   刘成   销售部   20000
4   林芝   采购部   19000
5   郝谢   行政部   18000
横向连接结果：
   Unnamed: 0    工号 姓名      部门   出勤天数 基本工资
0         1.0   1   林海   行政部     20   18000
1         2.0   2   黎明   财务部     20   12000
2         3.0   3   张哇   销售部     20   20000
3         4.0   4   刘成   销售部     20   20000
4         5.0   5   林芝   采购部     20   19000
5         6.0   6   郝谢   行政部     20   18000
6         NaN   7  王大春   采购部     20   19000
7         NaN   8   秦亮   销售部     19   20000
>>>
```

图 4-20　数据连接合并

4.5.3　Pandas 数据计算

Pandas 数据计算

1. 求和计算

sum()是 Excel 中常用的函数，在 Pandas 中也可以使用 sum()函数对每行或每列数据进行求和，其语法格式如下：

```
DataFrame.sum(axis=None,skipna=None)
```

参数说明如下。

- axis：表示对指定轴进行操作。axis=0 表示对行进行操作(默认)，axis=1 表示对列进行操作。
- skipna：表示是否忽略空值(NaN)，默认为 True，即忽略空值。

【例 4-45】创建一个 3 行 3 列的 DataFrame，计算单独各列对应每行的总和、单独各行对应每列的总和并输出计算结果。

【示范代码】

```
#导入 Pandas 和 Numpy 模块
import pandas as pd
import numpy as np
#创建 DataFrame
df = pd.DataFrame({'a':[1,2,3],'b':[7,8,9],'c':[12,15,18]})
#输出 DataFrame
print(df)
#计算每列的总和
sum_result = df.sum(axis=0)
#输出计算结果
print("每列的总和为:\n",sum_result)
#计算每行的总和
sum_result1 = df.sum(axis=1)
#输出计算结果
print("每行的总和为:\n",sum_result1)
```

【运行结果】

```
   a  b   c
0  1  7  12
1  2  8  15
2  3  9  18
每列的总和为:
a     6
b    24
c    45
dtype: int64
每行的总和为:
0    20
1    25
2    30
dtype: int64
```

2. 累加计算

在数据分析过程中，我们总会遇到数据累加的计算，比如月度资产折旧累加数、月度营业收入累加数、年度净现金流量累加数等。这时，可以使用 cumsum()函数完成对数据分析对象月度、季度或年度的累加计算。代码格式如下：

```
DataFrame.cumsum(axis=None,skipna=True)
```

参数说明如下。

- axis：表示对指定轴进行操作，axis=0 表示对行进行操作(默认)，axis=1 表示对列进行操作。
- skipna：表示是否排除空值(NaN)，默认值为 True，表示排除空值。

【例 4-46】创建一个 3 行 3 列的 DataFrame，计算第 a 列每行累计总和，并输出结果。

【示范代码】

```
#导入 Pandas 和 Numpy 模块
import pandas as pd
import numpy as np
#创建一个 DataFrame
df = pd.DataFrame({'a':[1,2,3],'b':[7,8,9],'c':[12,15,18]})
#输出 DataFrame
print(df)
#计算每行的累计总和
sum_result=df.cumsum(axis=0)
#输出计算结果
print("每行的累计总和为:\n",sum_result)
#计算每列的累计总和
sum_result1 = df.cumsum(axis=1)
#输出计算结果
print("每列的累计总和为:\n",sum_result1)
#计算第 a 列每行的累计总和
df[第 a 列累计总和]=df['a'].cumsum(axis=0)
print(df)
```

【运行结果】

运行结果如图 4-21 所示。

```
   a  b   c
0  1  7  12
1  2  8  15
2  3  9  18
   a  b   c   第a列每行累计总和
0  1  7  12              1
1  2  8  15              3
2  3  9  18              6
>>>
```

图 4-21　累加计算

4.5.4　Pandas 数据透视表

Pandas 数据透视表

在 Pandas 中，数据透视表称为 pivot_table。pivot_table 的操作性强、灵活性高，可以根据数据分析的需求定制计算要求。其语法格式如下：

```
pivot_table(DataFrame,values=None,index=None,columns=None,aggfunc=mean,
fill_value=None,margins=False,dropna=True,margins_name=All)
```

参数说明如下。

- DataFrame：表示操作的表。
- values：表示操作的值。
- index：表示行标签。
- columns：表示列标签。
- aggfunc：表示对数据进行的操作，默认为计算数据均值。
- fill_value：表示当数据为空时填充的指定值，默认不填充。
- margins：表示是否对数据进行汇总，margins=False 表示不汇总。
- margins_name：表示对汇总进行命名。

【例 4-47】读取"员工信息表"Excel 文件数据。新增列数据"奖金"，赋值为[1 000,1 200, 2 500,2 500,2 000,1 000]；新增列数据"应发工资"，赋值为[19 700,15 000,31 000,29 800,23 000, 19 741]。使用 Pandas 数据透视表的方式完成以下操作。

① 按照部门汇总奖金。

② 统计各个部门的人数。

③ 按照部门汇总应发工资合计数。

【示范代码】

```
#导入 Pandas 模块
import pandas as pd
#打开员工信息表
staff = pd.read_excel('./员工信息表.xlsx')
print(staff)
#新增列数据"奖金"
staff['奖金']=[1000,1200,2500,2500,2000,1000]
#新增"应发工资"
staff['应发工资']=[19700,15000,31000,29800,23000,19741]
print(staff)
#按照"部门"汇总奖金
data = staff.pivot_table(index='部门',values='奖金',aggfunc='sum')
print(data)
#统计部门的人数
```

```
data1=staff.pivot_table(index='部门',values='姓名',aggfunc='count',
                        margins=True,margins_name='部门人数汇总数')
print(data1)
#按照部门汇总"应发工资"合计数
data2=staff.pivot_table(index='部门',values='应发工资',aggfunc=sum,
                        margins=True,margins_name='应发工资汇总数')
print(data2)
```

【运行结果】

运行结果如图 4-22 所示。

```
========
   Unnamed: 0  工号  姓名   部门   出勤天数   基本工资
0           1   1   林海  行政部    20    18000
1           2   2   黎明  财务部    20    12000
2           3   3   张哇  销售部    20    20000
3           4   4   刘成  销售部    20    20000
4           5   5   林芝  采购部    20    19000
5           6   6   郝谢  行政部    20    18000
   Unnamed: 0  工号  姓名   部门   出勤天数   基本工资   奖金    应发工资
0           1   1   林海  行政部    20    18000  1000   19700
1           2   2   黎明  财务部    20    12000  1200   15000
2           3   3   张哇  销售部    20    20000  2500   31000
3           4   4   刘成  销售部    20    20000  2500   29800
4           5   5   林芝  采购部    20    19000  2000   23000
5           6   6   郝谢  行政部    20    18000  1000   19741
          奖金
部门
行政部    2000
财务部    1200
采购部    2000
销售部    5000
              姓名
部门
行政部           2
财务部           1
采购部           1
销售部           2
部门人数汇总数    6
              应发工资
部门
行政部         39441
财务部         15000
采购部         23000
销售部         60800
应发工资汇总数   138241
>>>
```

图 4-22　Pandas 数据透视表

【实战任务 1】

【任务描述】

重庆啤酒股份有限公司是全球第三大啤酒公司，主营业务为啤酒产品的制造与销售。重庆啤酒践行"零碳排放""零水浪费""零非理性饮酒"和"零事故文化"的宗旨，其 2018—2022 年的营业收入和净利润数据如表 4-7 所示。

表 4-7　2018—2022 年的营业收入和净利润数据

单位：万元

	2018 年	2019 年	2020 年	2021 年	2022 年
营业收入	34.67	102.12	109.42	131.19	140.39
净利润	4.21	15.23	17.52	23.99	25.87

【任务要求】

(1) 计算营业收入增长额和净利润增长额。增长额的计算公式为

增长额=期末金额−期初金额

(2) 计算 2019—2022 年营业收入增长比率。营业收入增长比率的计算公式为

营业收入增长比率=本年营业收入增长额/本年营业收入

(3) 计算 2019—2022 年净利润的增长比率。净利润增长比率的计算公式为

净利润增长比率=本年净利润增长额/本年净利润

【实战任务 2】

【任务描述】

重庆啤酒公司 2020—2022 年的财务指标数据如表 4-8 所示。

表 4-8　重庆啤酒公司 2020—2022 年的财务指标数据

项　　目	2020 年	2021 年	2022 年
销售净利率/%	0.16	0.183	0.184
总资产周转率/%	1.07	1.24	1.17
总资产净利率/%	0.172	0.227	0.215
权益乘数	6.12	3.69	3.45

【任务要求】

(1) 通过列表方式创建 DataFrame 并命名为 data，添加列索引"(columns=['2020 年','2021 年','2022 年'])"，添加行索引 "(index=['销售净利率','总资产周转率','权益乘数'])"，并输出结果。

(2) 增加列数据，列名为 "2023 年 3 月 31 日"，销售净利率为 0.193，总资产周转率为 0.32，权益乘数为 2.89，并输出结果。

(3) 增加行数据，行名为 "总资产净利率" 和 "净资产收益率"，"总资产净利率" 通过销售净利率和总资产周转率相乘的方式计算得到；"净资产收益率" 通过总资产净利率和权益乘数相乘得到，并输出结果。

（4）完成以下查看 DataFrame 的任务：

①　访问全部索引、标签、DataFrame 里的值。

②　访问总资产净利率对应的值，访问 2022 年对应的值。

③　分别查看前 3 行数据和后 2 行数据。

④　使用两种方式，分别删除销售净利率和总资产周转率的值。

（5）将 DataFrame 的信息写入自定义的目标文件夹下，文件命名为"重庆啤酒杜邦分析数据"，工作表命名为"杜邦分析结果"。

【实战任务 3】

【任务描述】

使用 Pandas 数据透视表知识点，完成 A 生产车间完工产品成本的分析。A 生产车间本月完工产品成本明细如表 4-9 和表 4-10 所示。

表 4-9　成本计算表 1

项　　目	品　　类	数　　量	直接材料	直接人工	制造费用
果粒橙	A	19 435	16 595.2	2 809.08	1 014.52
果粒橙	B	12 120	15 745.2	1 751.79	632.67
果粒橙	C	3 100	3 620.38	448.07	161.82
果粒橙	D	11 660	8 787.76	1 685.31	608.66
果粒橙	E	7 560	8 992.84	1 092.7	394.64

表 4-10　成本计算表 2

项　　目	品　　类	数　　量	直接材料	直接人工	制造费用
维生素	荔枝味	12 020	8 774.29	1 737.34	627.45
维生素	水蜜桃味	7 140	8 992.84	1 032	372.71
维生素	甜橙味	11 660	9 556.1	1 685.31	608.66
维生素	混合味	4 760	5 714.78	688	248.48
隐形冰	A	4 521	5 732.52	653.45	236
隐形冰	B	6 551	7 594.37	946.86	341.97

【任务要求】

（1）读取"完工产品成本计算单"Excel 文件中的"成本计算表 1"和"成本计算表 2"工作表(资源包位置：资源包\实战任务文件)。

（2）将"成本计算表 1"和"成本计算表 2"合并。

(3) 新增一列"成本合计",计算每行不同产品的成本合计数。

(4) 汇总各产品的生产数量和成本。

【知识测试】

一、单选题

1. Pandas 读取 Excel 文件内容的方法是( )。
   A. pd.readExcel()　　　　　　　　B. pd.read-excel()
   C. pd.read_excel()　　　　　　　　D. pd.excel_read()

2. 下列说法正确的是( )。
   A. Series 数据结构相当于 Excel 中的一列数据
   B. DataFrame 数据结构相当于 Excel 中的一列数据
   C. Pandas 是 Python 自带的库,所以不需要引入就可以用
   D. Series 和 DataFrame 方法都需要自定义列索引

3. 引用模块后,若需要设置别名,应使用的单词是( )。
   A. from　　　　　B. import　　　　　C. by　　　　　D. as

4. Pandas 的数据透视函数是( )。
   A. merge()　　　B. pivot_table()　　　C. read_excel()　　　D. concat()

5. 下列为查找缺失值方法的是( )。
   A. insnull　　　B. fillna　　　C. scipy　　　D. drop

6. 对于数组 a=pd.Series([1,2,-3,7]),以下语句中可以选中左数第一个值的是( )。
   A. a[1]　　　B. a[-4]　　　C. a[0]　　　D. a(0)

二、多选题

1. 下列属于 Pandas 模块中数据结构的是( )。
   A. List　　　B. Series　　　C. Dictionary　　　D. DataFrame　　　E. string

2. 下列模块中,属于 Python 内置模块的是( )。
   A. Pandas　　　B. random　　　C. datetime　　　D. Numpy　　　E. Paramiko

3. 对于来自下列数据源的数据,Pandas 中有相应的读取和写入函数的有( )。
   A. Text　　　B. Excel　　　C. HTML　　　D. SQL　　　E. PPT

4. 下列各项中属于 DataFrame 属性的是( )。
   A. index　　　B. columns　　　C. values　　　D. Series　　　E. dtypes

5. 下列描述中正确的是( )。
   A. DataFrame 是二维数据结构
   B. Series 和 DataFrame 都是 Pandas 的数据格式
   C. Series 是一维数据结构
   D. DataFrame 和 Series 都可以重置索引

E. 创建 Series 时，可以不填数据列参数

6. 关于 Series，下列说法正确的是(　　　)。

    A. 创建索引时若没有为数据指定索引，默认会创建一个 $0 \sim N{-}1$(N 为数据长度)的整数型索引

    B. 在创建 Series 时可以指定索引

    C. Series 的字符串表现形式为索引在右边，值在左边

    D. 可以通过索引的方式选取 Series 中的单个或一组值

    E. Series 不能直接选取区间数据

三、判断题

1. Pandas 的读写操作只能操作 Excel。　　　　　　　　　　　　　　　　　　(　　)

2. 删除缺失值所在的行使用语句 dropna(axis=1)。　　　　　　　　　　　　　(　　)

3. 数据可能存在缺失值、重复值、异常值，它们对后续的数据分析、预测会产生影响。

                                                        (　　)

4. 显示文件路径时，Windows 系统使用的是反斜杠。使用 Python 读取文件时，代码中依然可以使用反斜杠。　　　　　　　　　　　　　　　　　　　　　　　　　(　　)

5. 在 Python 进行数据透视时，使用 pivot_table()函数必须指定透视的行和列。(　　)

6. DataFrame 含有一组有序的列，每列可以是不同的类型。　　　　　　　　(　　)

7. 创建 Series 时必须填写数据列参数，列表、字典等都可以作为数据列参数。(　　)

8. 创建 Numpy 时一般不需要指定数据类型。　　　　　　　　　　　　　　　(　　)

项目 5　Matplotlib 数据可视化

【项目导读】

在企业财务管理中，利用数据可视化能够高效挖掘数据背后反映的信息，有助于财务人员清晰理解财务信息，掌握企业当前的财务和经营情况，并快速响应企业管理需求，充分发挥数据的价值。Matplotlib 是 Python 的绘图库，它能将很多财务数据通过图形的方式直观地呈现出来，可以绘制折线图、柱形图、饼图、散点图、雷达图等。

【思维导图】

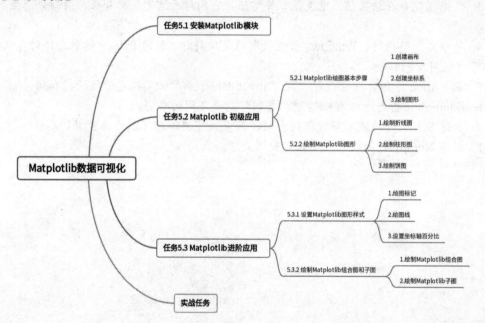

任务 5.1　安装 Matplotlib 模块

安装 Matplotlib 模块的步骤如下。

步骤 1：打开 cmd 命令窗口，输入 python 语句，确认已经安装 Python
后，输入 exit()语句退出，如图 5-1 所示。

安装 Matplotlib 模块

```
C:\Users\10964>python
Python 3.7.7rc1 (tags/v3.7.7rc1:93b7677f9c, Mar  4 2020, 12:05:18) [MSC v.1900 64 bit (AMD64)] on win32
Type "help", "copyright", "credits" or "license" for more information.
>>> exit()
```

图 5-1　确定是否已经安装 Python

步骤 2：在 cmd 命令窗口中输入 python -m pip install -U pip setuptools 语句，更新 pip 和 setuptools。输入语句时一定要注意空格和大小写，否则会报错，如图 5-2 所示。

```
Microsoft Windows [版本 10.0.22000.2416]
(c) Microsoft Corporation。保留所有权利。

C:\Users\10964>python -m pip install -U pip setuptools
Requirement already satisfied: pip in d:\anaconda\lib\site-packages (21.2.4)
Collecting pip
  Downloading pip-23.3-py3-none-any.whl (2.1 MB)
                                      2.1 MB 49 kB/s
Requirement already satisfied: setuptools in d:\anaconda\lib\site-packages (61.2.0)
Collecting setuptools
  Downloading setuptools-68.2.2-py3-none-any.whl (807 kB)
                                      807 kB 62 kB/s
Installing collected packages: setuptools, pip
  Attempting uninstall: setuptools
    Found existing installation: setuptools 61.2.0
```

图 5-2　更新 pip 和 setuptools

步骤 3：确认是否安装 wheel。在安装 Matplotlib 之前必须先确认已经安装了 wheel，否则会导致安装失败。安装 wheel 的语句是 pip install wheel，如图 5-3 所示。

```
C:\Users\LENOVO>pip install wheel
Requirement already satisfied: wheel in d:\编程\lib\site-packages (0.38.4)
```

图 5-3　安装 wheel

步骤 4：安装 Matplotlib 模块。输入 pip install matplotlib 语句，安装 Matplotlib 模块，如图 5-4 所示。

```
Downloading matplotlib-3.8.0-cp39-cp39-win_amd64.whl (7.6 MB)
                                  7.6/7.6 MB 754.0 kB/s eta 0:00:00
Installing collected packages: matplotlib
Successfully installed matplotlib-3.8.0
```

图 5-4　安装 Matplotlib 模块

步骤 5：打开 Python IDLE，运行 import matplotlib 语句，如果没有报错，就证明安装成功。

任务 5.2　Matplotlib 初级应用

本任务主要学习 Matplotlib 的 pyplot 模块，它是 Matplotlib 的核心模块之一，几乎所有的 2D 图形都可以通过 pyplot 子模块绘制。

5.2.1　Matplotlib 绘图基本步骤

Matplotlib 绘图主要有三步：第一步，创建一个画布；第二步，创建一个或多个坐标系；第三步，选择适合的图形类型，完成图形绘制，如图 5-5 所示。

Matplotlib 绘图
基本步骤

图 5-5　Matplotlib 绘图步骤

1. 创建画布

```
#导入 matplotlib.pyplot 模块
#方法一
import matplotlib.pyplot as plt
#方法二
from matplotlib import pyplot as plt
#设置画布大小
plt.figure(figsize=(,))
#设置中文字体为黑体，正常显示负号
plt.rcParams['font.family'] = 'SimHei'
plt.rcParams['axes.unicode_minus'] = False
```

2. 创建坐标系

```
#给坐标轴命名
plt.xlabel("字符串名称")
plt.ylabel("字符串名称")
```

其中，xlabel()表示 x 轴标签名称，ylabel()表示 y 轴标签名称。

```
#设置 x 轴和 y 轴刻度
plt.xticks(ticks=None,labels=None,**kwargs)
plt.yticks(ticks=None,labels=None,**kwargs)
```

参数说明如下。

- ticks：表示需要显示的 x 轴刻度索引，若传入空列表，则不显示 x 轴。此参数是一个可选参数。
- labels：表示放在指定刻度位置的文本标签，是一个可选参数。
- **kwargs：表示文本标签的外观，如字体大小、字体样式。

3. 绘制图形

```
#根据已知信息，设置 x 轴和 y 轴数据
#设置图形标题
plt.title("字符串名称")
#在图形上增加图例
plt.legend()
```

```
#显示图形
plt.show()
#保存图形并命名
plt.savefig("图形名称.格式")
```

5.2.2　绘制 Matplotlib 图形

1. 绘制折线图

折线图可以反映事物在一段时间内的变化趋势。使用 pyplot 子模块的 plot()函数绘制折线图的语法格式如下：

```
pyplot.plot(x,y)
```

其中，x、y 表示 x 轴和 y 轴数据。

【例 5-1】2020—2022 年 A 公司净利润分别为 900 万元、1 300 万元和 2 000 万元，请绘制 A 公司净利润的折线图。

【示范代码】

```
#1.创建画布
#导入 matplotlib.pyplot 模块
from matplotlib import pyplot as plt
#设置画布大小
#plt.figure(figsize=(5,5))
#设置中文字体为黑体,正常显示负号
plt.rcParams['font.family'] = 'SimHei'
plt.rcParams['axes.unicode_minus'] = False
#2. 创建坐标系
#坐标轴命名
plt.xlabel('年份')
plt.ylabel('净利润')
#3.绘制折线图
#根据已知条件设置 x 轴和 y 轴数据
x=['2020','2021','2022']
y=[900,1300,2000]
plt.plot(x,y)
#图表标题
plt.title('A 公司 2020-2022 年净利润图')
#显示折线图
plt.show()
```

【运行结果】

运行结果如图 5-6 所示。

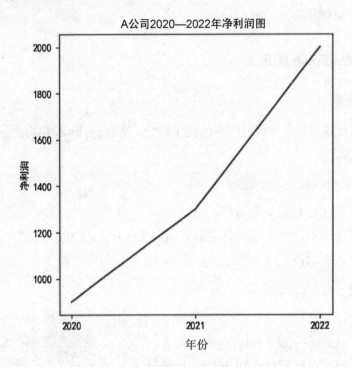

图 5-6　A 公司 2020—2022 年净利润图

2. 绘制柱形图

柱形图可以反映一段时间内数量上的变化，或是比较不同项目之间的差异。使用 pyplot 子模块的 bar() 函数绘制柱形图，其语法格式如下：

```
pyplot.bar(x,y)
```

【例 5-2】2022 年度 A 公司甲产品、乙产品、丙产品和丁产品的销售收入分别为 900 万元、1 800 万元、1 200 万元和 2 700 万元，请绘制 A 公司各产品的柱形图。

【示范代码】

```
#1.创建画布
#导入 matplotlib.pyplot 模块
from matplotlib import pyplot as plt
#设置画布大小
plt.figure(figsize=(5,5))
#设置中文字体为黑体，正常显示负号
plt.rcParams['font.family'] = 'SimHei'
plt.rcParams['axes.unicode_minus'] = False
#2.创建坐标系
```

```
#给坐标轴命名
plt.xlabel('产品名称')
plt.ylabel('销售收入')
#3.绘制柱形图
#根据已知条件设置 x 轴和 y 轴数据
x = ['甲','乙','丙','丁']
y=[900,1800,1200,2700]
#绘制柱形图
plt.bar(x,y)
#图表标题
plt.title('A公司2022年各产品销售收入图')
#显示柱形图
plt.show()
```

【运行结果】

运行结果如图 5-7 所示。

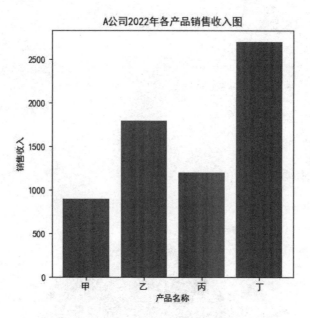

图 5-7　A 公司 2022 年各产品的销售收入

3. 绘制饼图

饼图只能表示一组数列数据，每个数据项都有唯一的色彩或是图样，表现各个项目在全体数据中所占的比率。使用 pyplot 子模块的 pie()函数绘制饼图，其语法格式如下：

```
pyplot.pie(x,labels=None)
```

参数说明如下。

● x：表示 x 轴数据。

● labels：表示各个扇形的标签，默认值为 None。

【例 5-3】2022 年度 A 公司流动资产由货币资金 12 000 万元、应收账款 4 000 万元、应收利息 1 700 万元和存货 6 000 万元构成，请绘制 A 公司各项流动资产占比的饼图。

【示范代码】

```
#1.创建画布
#导入 matplotlib.pyplot 模块
from matplotlib import pyplot as plt
#设置画布大小
plt.figure(figsize=(5,5))
#设置中文字体为黑体，正常显示负号
plt.rcParams['font.family'] = 'SimHei'
plt.rcParams['axes.unicode_minus'] = False
#2.创建坐标系
#坐标轴命名
plt.ylabel('流动资产项目')
#3.绘制饼图
#根据已知条件设置 x 轴和标签数据
x = [12000,4000,1700,6000]
a =['货币资金','应收账款','应收利息','存货']
#绘制饼图
plt.pie(x,labels=a)
#图表标题
plt.title('A 公司 2022 年流动资产结构图')
#显示饼图
plt.show()
```

【运行结果】

运行结果如图 5-8 所示。

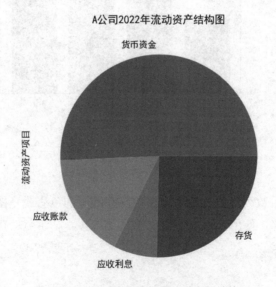

图 5-8　A 公司 2022 年流动资产的结构

任务 5.3 Matplotlib 进阶应用

在实际工作中,简单的图形并不能满足数据展示的要求,因为真实的业务需求更加多样化,比如美化图形样式,在同一画布中绘制多个关联的图形以更全面地展示数据间的逻辑。

Matplotlib 进阶应用

5.3.1 设置 Matplotlib 图形样式

1. 绘图标记

使用 plot()方法的 marker 参数可设置多样化的坐标标记。marker 参数可以定义的符号如表 5-1 所示。

表 5-1 marker 参数定义的标记

标 记	符 号	描 述
'.'	.	点
','	,	像素点
'o'	●	实心圆
'v'	▼	下三角
'^'	▲	上三角
'<'	◀	左三角
'>'	▶	右三角
'1'	Y	下三叉
'2'	人	上三叉
'3'	<	左三叉
'4'	>	右三叉
'8'	●	八角形
's'	■	正方形
'p'	⬟	五边形
'P'	✚	加号(填充)
'*'	★	星号

自定义标记的大小与颜色使用的参数如表 5-2 所示。

表 5-2 自定义标记的大小与颜色

语法格式	含 义
Markersize	简写为 ms,定义标记的大小
markerfacecolor	简写为 mfc,定义标记内部的颜色
markeredgecolor	简写为 mec,定义标记边框的颜色

【例 5-4】承例 5-1，在折线图里标记大小为 15、内部颜色为绿色、外部边框为黄色的实心圆，示范代码中仅给出变动部分。

【示范代码】

```
plt.plot(x,y,marker='o',ms=15,mfc='g',mec='y')
```

【运行结果】

运行结果如图 5-9 所示。

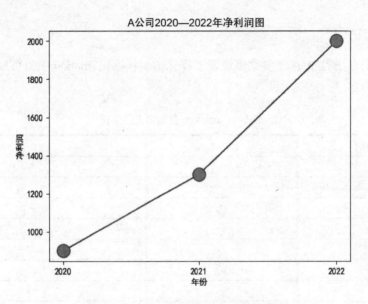

图 5-9　A 公司 2020—2022 年净利润

2. 绘图线

绘图过程中，可以自定义线的样式，包括线的类型、颜色和宽度等。

1）　线的类型

线的类型可以使用 linestyle 参数来定义，简写为 ls，如表 5-3 所示。

表 5-3　线的类型

类　型	简　写	说　明
'solid' (默认)	'-'	实线
'dotted'	':'	点虚线
'dashed'	'--'	折线
'dashdot'	'-.'	点画线
'None'	'' 或 ' '	不画线

2）　线的颜色

线的颜色可以使用 color 参数来定义，简写为 c，如表 5-4 所示。

表 5-4　线的颜色

颜色标记	描　述
'r'	红色
'g'	绿色
'b'	蓝色
'c'	青色
'm'	品红
'y'	黄色
'k'	黑色
'w'	白色

3)　线的宽度

线的宽度可以使用 linewidth 参数来定义，简写为 lw，值可以是浮点数，如 1、2.0、5.67 等。

【例 5-5】承例 5-4，修改折线图的线型为"--"，线条颜色为红色，线条宽度为 5。

【示范代码】

```
#绘制折线图
plt.plot(x,y,marker='o',ms=15,mec='g',mfc='y',linestyle='dashed',color='r',linewidth=5)
```

【运行结果】

运行结果如图 5-10 所示。

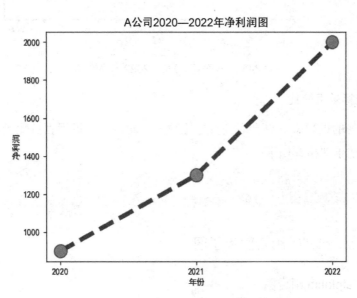

图 5-10　A 公司 2020—2022 年净利润

在绘制图形的时候,可以使用 fmt 参数同时设置线型、颜色和标记。相较于单独使用参数一一设置,使用 fmt 参数的代码更加简单。fmt 参数的语法格式如下:

```
fmt='[marker][line][color]'
```

【例 5-6】承例 5-4,绘制"*"标记,修改线型为虚线,线条颜色为红色。

【示范代码】

```
#绘制折线图
plt.plot(x,y,'*:r')
```

【运行结果】

运行结果如图 5-11 所示。

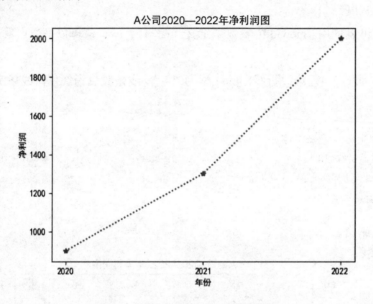

图 5-11　A 公司 2020—2022 年净利润

3. 设置坐标轴百分比

在绘制图形的过程中,总会遇到百分比数据,此时可以调用百分比函数来设置坐标轴百分比,具体的语法格式如下:

```
def to_percent(temp,position):
    return ' %1.0f' %(100*temp)+' %'
```

5.3.2　绘制 Matplotlib 组合图和子图

1. 绘制 Matplotlib 组合图

绘制图形时,有时需要将关联数据放在同一个坐标系中,以便更好地呈现数据之间的联系，比如，在同一个坐标系中分别绘制不同月份的预算销售成本和实际销售成本折线图。组合图中的图形必须使用同一个横坐标轴，这样才能实现组合图效果。

【例 5-7】2021 年 A 公司预算销售成本与实际销售成本如表 5-5 所示。绘制 Matplotlib 组合折线图，预算折线图使用实线，线条颜色为蓝色；实际折线图使用破折线，线条颜色为红色，标记均使用实心圆。

表 5-5　2021 年预算销售成本与实际销售成本

单位：万元

月份	1 月	2 月	3 月	4 月	5 月	6 月	7 月	8 月	9 月	10 月	11 月	12 月
预算	199	288	330	435	445	345	564	453	654	567	567	678
实际	234	358	334	543	435	400	650	444	555	665	555	567

【示范代码】

```python
#导入 matplotlib.pyplot 模块
from matplotlib import pyplot as plt
#设置中文字体为黑体，正常显示负号
plt.rcParams['font.family'] = 'SimHei'
plt.rcParams['axes.unicode_minus'] = False
#根据已知条件设置的 x 轴和 y 轴数据，其中，y1 数据为预算值，y2 数据为实际值
x=['1月','2月','3月','4月','5月','6月','7月','8月','9月','10月','11月','12月']
y1=[199,288,330,435,445,345,564,453,654,567,567,678]
y2=[234,358,334,543,435,400,650,444,555,665,555,567]
#绘制折线图，展示预算销售成本
plt.plot(x,y1,'o-b',label = '销售成本(预算)')
#绘制折线图，展示实际销售成本
plt.plot(x,y2,'o--r',label = '销售成本(实际)')
#设置组合图标题
plt.title('销售成本实际与预算的对比图')
#显示图例
plt.legend()
#显示子图
plt.show()
```

【运行结果】

运行结果如图 5-12 所示。

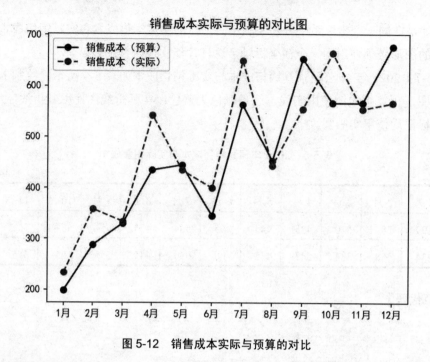

图 5-12　销售成本实际与预算的对比

2. 绘制 Matplotlib 子图

子图是指绘制在同一个画布上多个坐标系的图形中，使用 subplot()和 subplots()方法可以绘制多个子图。subplot()方法在绘图时需要指定位置；subplots()方法可以一次生成多个子图，在调用时只需要调用生成对象的 ax[1]即可。

1)　subplot()方法

语法格式如下：

```
pyplot.subplot(nrows,ncols,index)
```

参数说明如下。

- nrows 与 ncols：表示要划分几行几列的子区域，nrows 表示子图网格的行数，ncols 表示子图网格的列数，一般按从左到右、从上到下的顺序对每个子区域进行编号。设置 nrows=1,ncols=2 就是将图形绘制成 1×2 的图片区域,对应的坐标为(1,1)(1,2)。
- index：表示索引，初始值为 1，用来选定具体的某个子区域。

【例 5-8】完美世界是一家以动漫、平面设计、网站开发为主营业务的上市公司。2021年 12 月 31 日，完美世界公司的主营业务由游戏、影视和其他三大部分构成，其中，游戏的主营业务收入为 74.21 亿元，影视的主营业务收入为 9.52 亿元，其他的主营业务收入为1.44 亿元。自 2017 年 12 月 31 日起至 2021 年 12 月 31 日，完美世界公司的营业总收入分

---

① ax 是 Matplotlib 中子图对象，可以理解为绘图中的某一片区域，可以通过 ax 对象的方法设置图表样式。

别为 79.3 亿元、80.34 亿元、80.39 亿元、102.2 亿元和 85.18 亿元。请使用 subplot()方法绘制子图，要求如下。

① 子图 1：2017—2021 年的营业总收入，折线图，颜色为蓝色，标记为实心圆点，图表标题为"2017—2021 年营业总收入变化趋势图"，位置为(1,1)。

② 子图 2：2021 年主营业务结构，饼图，图表标题为"2021 年完美世界主营业务结构图"，位置为(1,2)。

【示范代码】

```python
#导入 matplotlib.pyplot 模块
from matplotlib import pyplot as plt
#设置中文字体为黑体，正常显示负号
plt.rcParams['font.family'] = 'SimHei'
plt.rcParams['axes.unicode_minus'] = False
#设置画布尺寸
plt.figure(figsize=(8,4))
#根据已知条件设置子图 1 的 x 轴和 y 轴数据
y1=[79.3,80.34,80.39,102.2,85.18]
x1=['2017','2018','2019','2020','2021']
#定义子图 1 的位置
plt.subplot(1,2,1)
#绘制子图 1，并设置子图 1 的标题
plt.plot(x1,y1,'o--b',)
plt.title('2017—2021 年营业总收入变化趋势图')
#根据已知条件设置子图 2 的 x 轴和 y 轴数据
x2=[74.21,9.52,1.44]
a=['游戏','影视','其他']
#定义子图 2 的位置
plt.subplot(1,2,2)
#绘制子图 2，并设置子图 2 的标题
plt.pie(x2,labels=a)
plt.title('2021 年完美世界主营业务结构图')
#显示子图
plt.show()
```

【运行结果】

运行结果如图 5-13 所示。

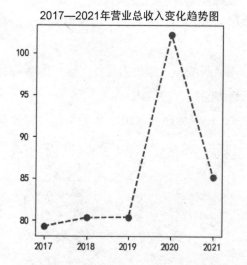
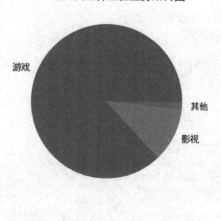

图 5-13   2017—2021 年营业总收入变化趋势图和 2021 年完美世界主营业务结构图

2)   subplots()方法

使用 pyplot.subplots()创建子图，其语法格式如下：

```
fig,ax=plt.subplots(nrows,ncols)
```

参数说明如下。

- **fig**：表示画布对象。

- **ax**：表示坐标系子图。可以通过 ax 来指定子图位置并绘制图形。

【例 5-9】承例 5-8，使用 subpolts()方法绘制左右结构的子图。

【示范代码】

```
#导入 matplotlib.pyplot 模块
from matplotlib import pyplot as plt
#设置中文字体为黑体，正常显示负号
plt.rcParams['font.family'] = 'SimHei'
plt.rcParams['axes.unicode_minus'] = False
#设置画布尺寸
fig,ax = plt.subplots(1,2)
#根据已知条件设置子图 1 的 x 轴和 y 轴数据
y1=[79.3,80.34,80.39,102.2,85.18]
x1=['2017','2018','2019','2020','2021']
#根据索引取第一个网格 ax[0]作为子图 1 的位置
ax[0].plot(x1,y1,'o--b')
#绘制子图 1，并设置子图 1 的标题
ax[0].set_title('2017—2021 年营业总收入变化趋势图')
#根据已知条件设置子图 2 的 x 轴和 y 轴数据
x2=[74.21,9.52,1.44]
a=['游戏','影视','其他']
```

```
#根据索引取第二个网格 ax[1] 作为子图 2 的位置
ax[1].pie(x2,labels=a)
#绘制子图 2，并设置子图 2 的标题
ax[1].set_title('2021 年完美世界主营业务结构图')
#显示子图
plt.show()
```

【运行结果】

运行结果如图 5-14 所示。

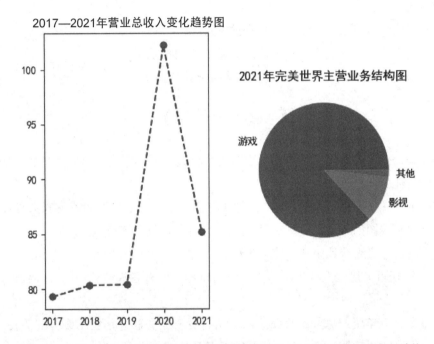

图 5-14 2017—2021 年营业总收入变化趋势和 2021 年完美世界主营业务结构

【实战任务 1】

贵州百灵是一家从事苗药研发、生产、销售的医药上市公司。贵州百灵相关财务数据资料如表 5-6 所示。

表 5-6 贵州百灵财务数据表

项 目	2017 年	2018 年	2019 年	2020 年	2021 年
资产总额/亿元	48.22	59.76	70.59	70.33	64.89
资产总额增减变化比率/%	—	23.93	18.12	−0.37	−7.73
负债总额/亿元	13.55	20.52	29.14	31.13	25.29
所有者权益总额/亿元	34.67	39.24	41.45	39.2	39.6
主营业务收入/亿元	25.91	31.36	28.51	30.88	31.12

续表

项 目	2017 年	2018 年	2019 年	2020 年	2021 年
销售净利率/%	20.53	18.23	10.29	4.98	3.75
净利润/亿元	5.32	5.72	2.93	1.53	1.17

2021 年贵州百灵流动资产各项目的百分比为：货币资金为 13.19%，应收票据为 0.13%，应收账款为 44.58%，应收款项融资为 11.39%，预付款项为 0.93%，其他应收款为 5.58%，存货为 23.93%，其他流动资产为 0.27%。

任务要求：

① 绘制贵州百灵最近五年资产总额的柱形图。

② 绘制贵州百灵最近五年资产总额增减变化的折线图。

③ 绘制贵州百灵 2021 年流动资产结构百分比的饼图。

【实战任务 2】

1. 承实战任务一中的任务要求②，绘制贵州百灵最近五年资产总额增减变化的折线图，需要完成以下任务：

① 在折线图里，标记大小为 8、内部颜色为红色、外部边框为黄色的实心圆。

② 修改折线图的线型为"--"，线条颜色为青色，线条宽度为 2。

③ 使用自定义百分比函数，将 y 坐标轴以百分比的方式显示。

2. 根据贵州百灵最近五年资产总额、负债总额、所有者权益总额的财务数据，完成以下任务：

① 将最近五年资产总额、负债总额、所有者权益总额分别绘制成并列的柱形图，在一张图里显示，图片标题为"贵州百灵资产负债所有者权益变动图"。

② 设置柱形图的宽度(width)为 0.2，资产总额的颜色为红色，负债总额的颜色为绿色，所有者权益总额的颜色为蓝色。

3. 使用主营业务收入、净利润和销售净利率数据完成以下任务：

① 设置一张画布，尺寸(figsize)设置为(10,6)。

② 在子图 1 的位置，主营业务收入和净利润为并列的柱形图，其中，主营业务收入为红色，净利润为绿色，柱形宽度(width)为 0.4，子图 1 标题为"贵州百灵主营业务收入和净利润对比图"。

③ 将销售净利率折线图放在子图 2 的位置，在折线图里标记大小为 8，设置内部颜色为红色，外部边框为黄色的实心圆。

【实战任务 3】

重庆华森制药股份有限公司是荣昌区首家、重庆市第 50 家上市企业。该公司作为民企党建标杆，以习近平新时代中国特色社会主义思想为指导，充分发挥党组织的战斗堡垒作用和党员的先锋模范作用，为重庆市荣昌区工业发展、民营经济振兴以及经济社会的发展树立了旗帜。

华森制药主营业务范围包含药品研发、生产及销售。华森制药的相关财务数据资料如表 5-7 所示。实训所需资料可在本书配套资源包中下载。(资源包位置：资源包\实战任务文件)

表 5-7　华森制药营业成本

单位：万元

年　　份	医药工业	医药商业	医药零售
2017	9 613.18	9 747.81	96.95
2018	12 073.1	10 862.92	62.12
2019	18 333.44	12 122.25	86.18
2020	34 890.05	10 514.49	133.78
2021	28 234.84	11 226.42	137.66

任务要求：

根据表 5-7 "华森制药营业成本"，完成以下任务：

①　读取"华森制药营业成本"工作表。

②　绘制华森制药最近五年的医药工业、医药商业和医药零售三条并列柱形图，图形标题为"2017—2021 年华森制药营业成本趋势图"。

③　设置柱形图的宽度(width)为 0.2，设置医药工业的颜色为红色，医药商业的颜色为黄色，医药零售的颜色为蓝色。

【知识测试】

一、单选题

1. 以下关于绘图标准流程说法错误的是(　　)。

　　A. 绘制最简单的图形可以不用创建画布

　　B. 可以在绘制图形之前添加图例

　　C. 可以在绘制图形之前添加 x 轴、y 轴的标签

　　D. 修改 x 轴标签、y 轴标签和绘制图形没有先后顺序

2. 下列代码中绘制折线图的是(　　　)。

    A. plt. scatter   B. plt. plot   C. plt. legend   D. plt. xlabel

3. 下列表示 plot 线条颜色、点的形状和类型为红色五角星点短虚线的是(　　　)。

    A. 'bs-'   B. 'go:'   C. 'rp-'   D. 'r*:'

4. Matplotlib 中提供了一批操作和绘图函数的模块是(　　　)。

    A. pyplot   B. Bar   C. rcparams   D. pprint

5. 在 Matplotlib 子图绘制中，若执行 plt. subplot(3,2,4)，则绘图子区域共有(　　　)个。

    A. 5   B. 6   C. 8   D. 12

6. 可以正确引入 Matplotlib 库中的 pyplot 模块的方式是(　　　)。

    A. import matplotlib as pyplot   B. import pyplot as matplotlib

    C. import matplotlib. pyplot as plt   D. import pyplot. matplotlib as plt

二、多选题

1. Matplotlib 可以绘制的图形包括(　　　)。

    A. 折线图   B. 散点图   C. 面积图

    D. 3D 图形   E. 柱状图

2. 下列模块中，模块名和功能对应正确的有(　　　)。

    A. Numpy——科学计算、处理数据   B. Pandas——数据分析

    C. Matplotlib——数据可视化、绘图   D. Pyecharts——数据可视化、绘图

    E. Matplotlib——数据分析

3. 在使用 import matplotlib. pyplot as plt 语句引入 Matplotlib 模块之后，下列函数与其功能对应正确的有(　　　)。

    A. plt. pie()——绘制饼状图   B. plt. boxplot()——绘制箱形图

    C. plt. bar()——绘制横向条形图   D. plt. scatter()——绘制散点图

    E. plt. plot()——绘制折线图

4. 使用 Matplotlib 绘制图形时，其基本要素包括(　　　)。

    A. 画布   B. 坐标轴   C. 坐标轴标签

    D. 绘图标记   E. 图形标题

5. 可以使用 plot()方法的 marker 参数定义的是(　　　)。

    A. 线的类型   B. 坐标轴百分比   C. 点

    D. 星号   E. 绘制子图

6. 下列说法正确的是(　　　)。

    A. 散点图的 x 轴刻度必须为数值

    B. 散点图能在子图中绘制

    C. 折线图可以用来查看特征间的趋势关系

D. 柱形图可以比较不同项目之间的差异

E. 饼图可以有多组数列数据

三、判断题

1. Matplotlib 只能用来绘制各种静态、交互式的图表。 （　　）

2. 在 Matplotlib 中使用 pyplot 子模块的 plot()函数绘制折线图。 （　　）

3. Matplotlib 绘图过程中不能对坐标自定义标记。 （　　）

4. Matplotlib 绘制组合图时必须使用同一个横坐标轴，并将需要组合的图形代码放在一起。 （　　）

5. subplot()方法在绘图时需要指定位置，该方法可以一次生成多个子图。 （　　）

6. 在 Matplotlib 子图绘制中，若执行 plt.subplot(3,2,5)，则当前的绘图子区域索引号是 5。 （　　）

7. pyplot 模块的 text()函数和 title()函数都可以设置绘图区的标题。 （　　）

8. 在 Matplotlib 中，柱形图可以反映一段时间内数量上的变化。 （　　）

下篇 财务实战应用

现阶段，中国已经开启了实现第二个百年奋斗目标的新征程，中国正在以前所未有的发展势头全力奔跑。作为新时代的青年，应当坚定理想信念，紧跟时代潮流，努力学习知识，为社会主义建设贡献自己的力量。本篇为财务实战应用篇，通过将上篇所学的 Python 知识应用在财务工作领域，解决财务问题，让学生在实践活动中养成认真的工作态度和精益求精的工匠精神，最终成长为有耐心、有奉献精神、有主动性和有责任感的时代建设者。

在财会领域，本篇主要介绍职工薪酬的计算和可视化，财务人员必备的计算应发工资、实发工资、计提社会保险费、计提住房公积金和计算个人所得税技能。借助 Python 工具，帮助财务人员计算职工薪酬；并根据经营管理需求，将职工薪酬数据制作成可视化图表，以便更好地为财务人员和经营管理者提供丰富的经营决策依据。

在税务领域，本篇主要介绍固定资产税收筹划。因为固定资产在企业中占据着重要的地位，学生只有深刻理解会计、财务管理和税务知识的内在原理，才能借助 Python 工具设计合适的代码，灵活应用税收政策，为企业量身制订税收筹划方案；并将税收筹划涉及的数据进行可视化展现，更好地为税收筹划方案的选择提供决策依据。

在财务管理领域，本篇主要介绍项目投资决策。学生需要熟练掌握项目投资决策的过程和方法，并根据企业经营管理的特点和项目要求，选择恰当的项目投资决策方法；利用财务管理的知识，设计项目投资决策的代码，并对投资项目的可行性进行分析和做出决策。

最后，本书选取建材行业的上市公司，结合财务报表分析的知识，从盈利能力、营运能力、成长能力和偿债能力四个方面对上市公司进行深入剖析，并通过不同的图表对分析结果进行可视化展现。

项目6 职工薪酬

职工薪酬

【实训资料】

职工薪酬是指企业为获得职工提供的服务或解除劳动关系而给予的各种形式的报酬或补偿，是反映企业运营、产业质量和经济效益的晴雨表。税前工资扣除个人所得税、社会保险中的个人缴纳部分、住房公积金中的个人缴纳部分这三者后即为税后工资。个人所得税是工资中非常重要的一部分，2022 年，全国财政收入总计 203 700 亿元，其中个人所得税为 14 923 亿元，占比为 7.33%，成为增值税和企业所得税之后的第三大税种。对于征收的个税收入，政府可用于教育、医疗、卫生、社保、环保、大学生创新创业、养老服务、扶贫、残疾人事业等项目，即取之于民，用之于民。作为公民，我们应该明白税收在社会经济发展中的积极作用，增强自身的责任意识与使命感。

企业职工的薪资核算是企业财务会计的重要工作内容之一，本项目提供了计算职工薪酬和薪酬数据分析及可视化两个实训。希望借助 Python 的数据分析和可视化模块，能够帮助财务人员减轻会计核算工作的负担，提高工作效率和效果。

【实训目标】

通过本实训，学生应当能够掌握和运用以下知识点。

1. Python 知识点

(1) Pandas 数据分析。

(2) for…in 循环与 if 多分支结构的嵌套、return 函数、if 双分支结构。

(3) 能够应用自定义函数。

(4) Matplotlib 可视化工具中折线图和柱形图的应用。

2. 财务知识点

(1) 社会保险费和住房公积金的原理与计算。

(2) 个人所得税的原理和计算。

【实训要求】

(1) 独立完成实训 6.1。

(2) 独立完成实训 6.2，或者小组合作完成。

(3) 独立或小组提交职工薪酬数据分析报告。

实训 6.1　计算职工薪酬

【任务描述】

星海公司安排王刚完成本公司 12 月份职工薪酬的计算。公司职工薪酬数据如表 6-1 所示，实训所需的资料可在本书配套资源包中下载。(资源包位置：资源包\下篇实训)

表 6-1　职工薪酬表

单位：元

编号	姓名	部门	基本工资	绩效工资	奖金	应发工资	三险一金(个人)	四险一金(公司)	个人所得税	本期应纳税所得额	实发工资
102	孙林	厂部	3860	2000	2500	8360	1295.8	2508	61.93	2064.2	7002.27
103	吴子英	车间	3600	2000	2700	8300	1286.5	2490	60.41	2013.5	6953.09
104	田红	车间	3680	500	2700	6880	1066.4	2064	24.41	813.6	5789.19
105	赵子民	车间	3428	500	2700	6628	1027.34	1988.4	18.02	600.66	5582.64
106	林战国	车间	3830	600	2700	7130	1105.15	2139	30.75	1024.85	5994.1
107	童涛	车间	4000	600	2700	7300	1131.5	2190	35.05	1168.5	6133.45
108	随建安	车间	3780	400	2700	6880	1066.4	2064	24.41	813.6	5789.19
109	张紫衣	厂部	7000	500	2500	10000	1550	3000	103.5	3450	8346.5
110	胡安	车间	7560	1000	2700	11260	1745.3	3378	135.44	4514.7	9379.26
112	童玲玲	销售部	37760	3000	3000	43760	6782.8	13128	959.32	31977.2	36017.88
113	王明	销售部	3230	3000	3000	9230	1430.65	2769	83.98	2799.35	7715.37
114	李冰	厂部	3520	3000	2500	9020	1398.1	2706	78.66	2621.9	7543.24
115	天已	厂部	3620	760	2500	6880	1066.4	2064	24.41	813.6	5789.19
116	孙刚	车间	3640	760	2700	7100	1100.5	2130	29.98	999.5	5969.52
117	王涛	车间	11700	480	2700	14880	2306.4	4464	227.21	7573.6	12346.39

【任务要求】

1. 读取"职工薪酬表"。

2. 对数据进行处理。

①　判断是否存在缺失值，如果存在，使用下一个邻近值填充缺失值。

②　查看是否存在重复值，如果存在重复值则将其删除。

3. 计算奖金数额。

奖金计算规则为：按照部门发放奖金，销售部奖金为 3 000 元，车间奖金为 2 700 元，厂部奖金为 2 500。

4. 计算应发工资、个人缴纳三险一金、公司缴纳四险一金数额。

①　计算应发工资，计算公式为

应发工资=基本工资+绩效工资+奖金

②　计算个人缴纳的三险一金数额及公司缴纳的四险一金数额。每个地区缴纳基数的上下限额和缴纳比例都有不同的规定，本任务个人缴纳三险一金比例为 15.5%，公司缴纳四险一金比例为 30%。

5. 计算本期应纳税所得额和个人所得税。

①　计算本期应纳税所得额。若本期应纳税所得额大于 0，就需要缴纳个人所得税，否则本期应纳税所得额为 0。计算公式为

本期应纳税所得额=应发工资-三险一金(个人)-5 000

②　自定义个人所得税计算函数，计算个人所得税。

③　筛选并查看姓名、本期应纳税所得额和个人所得税数据。

6. 计算实发工资，并保存文件。

①　计算实发工资。

②　查看前五条数据。

③　将计算结果保存到新文件"职工薪酬明细表.xlsx"中。

【示范代码】

```
#1.读取"职工薪酬表"
#导入 Pandas 模块
import pandas as pd
#读取职工薪酬表
df = pd.read_excel('./职工薪酬表.xlsx')
#查看职工薪酬表
print(df.head)
#2.对数据进行处理
#判断是否存在缺失值,如果存在,使用下一个邻近值填充缺失值
df=df.fillna(axis=0,method='ffill')
#判断是否存在重复值
print(pd.DataFrame.duplicated(df))
#删除重复值
df=pd.DataFrame.drop_duplicates(df)
#3.计算奖金
#遍历行和列
for i,row in df.iterrows():
    if row[2]=="销售部":
        df.loc[i,"奖金"] = 3000
    if row[2]=="车间":
        df.loc[i,"奖金"] = 2700
```

```
        if row[2]=="厂部":
            df.loc[i,"奖金"] = 2500
#4.计算应发工资、个人缴纳三险一金、公司缴纳四险一金数额
df['应发工资'] = df['基本工资']+df['绩效工资']+df['奖金']
df['三险一金(个人)']=df['应发工资']*0.155
df['三险一金(个人)']=df['三险一金(个人)'].round(decimals=2)
df['四险一金(公司)']=df['应发工资']*0.3
df['四险一金(公司)']=df['四险一金(公司)'].round(decimals=2)
#5.计算本期应纳税所得额和个人所得税
#自定义计算本期应纳税所得额函数
def tax_income(inc):
        if inc >0:
                return inc
        else:
                return 0
df['本期应纳税所得额']=(df['应发工资']-df['三险一金(个人)']-5000).map(tax_income)
#自定义个人所得税计算函数
def tax(x):
    if x>960000:
        return round(x*0.45-181920,2)
    elif x>660000:
        return round(x*0.35-85920,2)
    elif x>420000:
        return round(x*0.3-52920,2)
    elif x>300000:
        return round(x*0.25-31920,2)
    elif x>144000:
        return round(x*0.2-16920,2)
    elif x>36000:
        return round(x*0.1-2520,2)
    else:
        return round(x*0.03,2)
df['个人所得税']=df['本期应纳税所得额'].map(tax)
#筛选并查看姓名、本期应纳税所得额和个人所得税数据
df2= pd.concat([df['姓名'],df['本期应纳税所得额'],df['个人所得税']],axis=1)
print(df2)
#6.计算实发工资
df['实发工资']=df['应发工资']-df['三险一金(个人)']-df['个人所得税']
#查看前5条数据
print(df.head())
#将结果保存到"职工薪酬明细表.xlsx"中
df.to_excel('./职工薪酬明细表.xlsx')
```

【运行结果】

运行结果如图 6-1 所示。

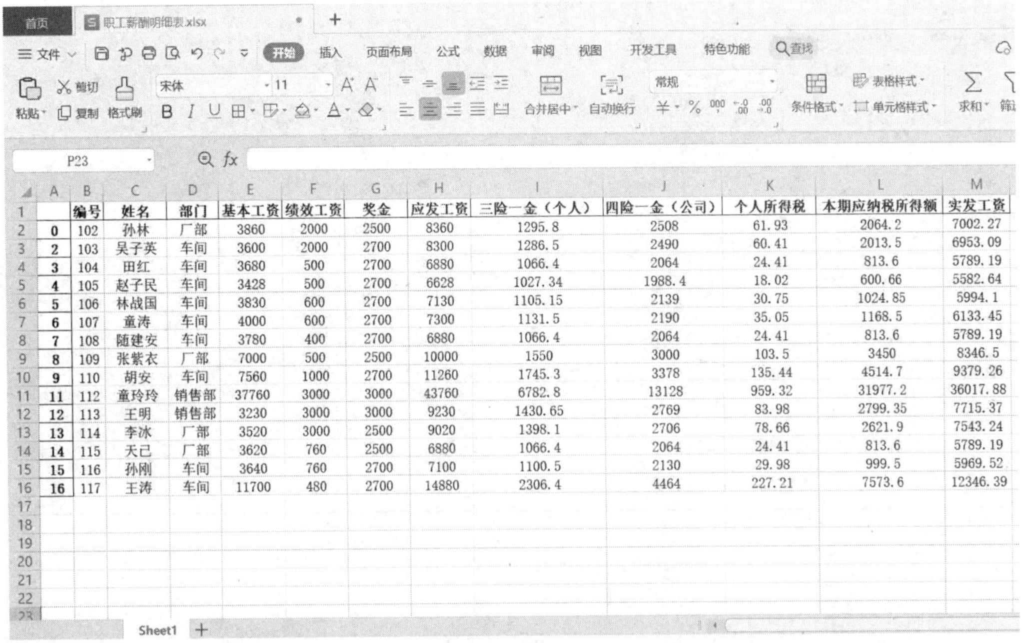

	A	B	C	D	E	F	G	H	I	J	K	L	M
1	编号	姓名	部门	基本工资	绩效工资	奖金	应发工资	三险一金（个人）	四险一金（公司）	个人所得税	本期应纳税所得额	实发工资
2	0	102	孙林	厂部	3860	2000	2500	8360	1295.8	2508	61.93	2064.2	7002.27
3	1	103	吴子英	车间	3600	2000	2700	8300	1286.5	2490	60.41	2013.5	6953.09
4	2	104	田红	车间	3680	500	2700	6880	1066.4	2064	24.41	813.6	5789.19
5	3	105	赵子民	车间	3428	500	2700	6628	1027.34	1988.4	18.02	600.66	5582.64
6	4	106	林战国	车间	3830	600	2700	7130	1105.15	2139	30.75	1024.85	5994.1
7	5	107	童涛	车间	4000	600	2700	7300	1131.5	2190	35.05	1168.5	6133.45
8	6	108	随建安	车间	3780	400	2700	6880	1066.4	2064	24.41	813.6	5789.19
9	7	109	张紫衣	厂部	7000	500	2500	10000	1550	3000	103.5	3450	8346.5
10	8	110	胡安	车间	7560	1000	2700	11260	1745.3	3378	135.44	4514.7	9379.26
11	9	112	童玲玲	销售部	37760	3000	3000	43760	6782.8	13128	959.32	31977.2	36017.88
12	11	113	王明	销售部	3230	3000	3000	9230	1430.65	2769	83.98	2799.35	7715.37
13	12	114	李冰	厂部	3520	3000	2500	9020	1398.1	2706	78.66	2621.9	7543.24
14	13	115	天己	厂部	3620	760	2500	6880	1066.4	2064	24.41	813.6	5789.19
15	14	116	孙刚	车间	3640	760	2700	7100	1100.5	2130	29.98	999.5	5969.52
16	16	117	王涛	车间	11700	480	2700	14880	2306.4	4464	227.21	7573.6	12346.39

图 6-1　职工薪酬明细表

实训 6.2　职工薪酬数据分析及可视化

【任务描述】

根据实训 6.1 计算得到的职工薪酬数据，按照任务要求进行分析，并以可视化图表方式呈现结果。

【任务要求】

1. 按照部门汇总公司的应发工资和实发工资的合计数，然后绘制各部门应发工资和实发工资的柱形图。

2. 自定义百分比函数，汇总各部门的奖金，并绘制奖金结构的饼图。

【示范代码】

```
#1.按照部门汇总公司的应发工资和实发工资合计数
employeeSalary=df[['部门','应发工资','实发工资']]
dep_salary = employeeSalary.pivot_table(index='部门',aggfunc='sum')
print(dep_salary)
#导入绘图模块
```

```
import matplotlib.pyplot as plt
#设置中文字体为黑体，正常显示负号
plt.rcParams['font.family'] = 'SimHei'
plt.rcParams['axes.unicode_minus'] =False
#设置 x 轴和 y 轴数据，其中，y 是应发工资，y1 是实发工资
x=dep_salary.index
y=dep_salary['应发工资']
y1=dep_salary['实发工资']
#绘制柱形图的位置
x=list(range(len(x)))
width = 0.2
#绘制柱形图
plt.bar(x,y,width=width,tick_label=dep_salary.index,label='应发工资',fc='r')
for i in range(len(x)):
    x[i] = x[i] +width
plt.bar(x,y1,width=width,label='实发工资',fc='g')
plt.title("各部门应发工资和实发工资对比图")
plt.legend()
plt.show()
#2.按照部门汇总公司的奖金数据，并用饼图的方式展示结果
#筛选指定数据
prize=df[['部门','奖金']]
print(prize.head())
#按照部门汇总奖金
dep_prize = prize.pivot_table(index='部门',aggfunc='sum')
print(dep_prize)
#设置饼图 x 轴数据
x=dep_prize['奖金']
#绘制饼图
plt.pie(x,labels=dep_prize.index,autopct='%.2f%%')
plt.title('各部门奖金结构图')
plt.show()
```

【运行结果】

运行结果如图 6-2～图 6-4 所示。

部门	实发工资	应发工资	部门	奖金
厂部	28681.20	34260.0	厂部	10000
车间	63936.83	76358.0	车间	24300
销售部	43733.25	52990.0	销售部	6000

图 6-2 应发工资、实发工资和奖金合计

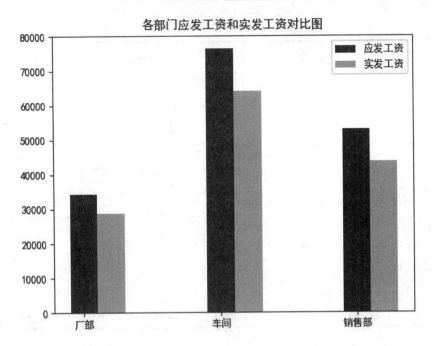

图 6-3 各部门应发工资和实发工资对比图

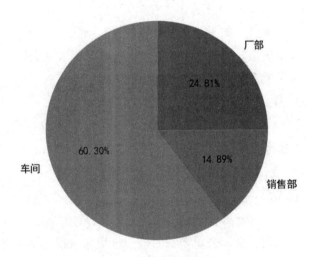

图 6-4 各部门奖金结构图

实战演练 1 计算职工薪酬

【任务描述】

完成丁公司 2023 年 1 月职工薪酬的计算。丁公司职工薪酬数据如表 6-2 所示,实训所需的资料在本书配套资源包中下载。(资源包位置:资源包\实战演练文件)

表 6-2 2023 年职工薪酬数据表

员工编号	姓名	所属部门	基本工资	缺勤天数	专项附加扣除	缺勤扣款	奖金	应发工资	三险一金(个人)	四险一金(公司)	本期应纳税所得额	个人所得税	实发工资
20002	党小龙	研发部	7500	2	2000	681.82	4000	10818.18	1676.82	3245.45	2141.36	64.24	9077.12
80004	范宝骏	行政部	5500	0	0	0	2000	7500	1162.5	2250	1337.5	40.12	6297.38
20003	韩晓丽	研发部	8000	0	1000	0	4000	12000	1860	3600	4140	124.2	10015.8
50005	李权薄	销售部	10000	1	0	454.55	5000	14545.45	2254.54	4363.64	7290.91	218.73	12072.18
20005	刘文娟	研发部	7500	0	0	0	4000	11500	1782.5	3450	4717.5	141.53	9575.97
80002	拢红梅	行政部	5500	4	1000	1000	2000	6500	1007.5	1950	0	0	5492.5
30003	王宝平	财务部	6000	0	0	0	3000	9000	1395	2700	2605	78.15	7526.85
80005	王守仁	行政部	5500	0	1000	0	2000	7500	1162.5	2250	337.5	10.12	6327.38
50003	吴保研	销售部	63000	1	2000	2863.64	5000	65136.36	10096.14	19540.91	48040.22	2284.02	52756.2

【任务要求】

1. 读取"2023 年职工薪酬数据表"。

2. 对数据进行处理，完成以下任务。

① 查看是否存在重复值，如果存在重复值，将其删除。

② 判断是否存在缺失值，如果存在缺失值，将其全部填充为 0。

③ 计算缺勤扣款、奖金和应发工资，规则如下。

缺勤扣款计算公式为

$$缺勤扣款=(基本工资/22)×缺勤天数$$

奖金发放规则为：销售部奖金为 5 000 元，研发部奖金为 4 000 元，行政部奖金为 2 000 元，财务部奖金为 3 000 元。

应发工资的计算公式为

$$应发工资=基本工资+奖金-缺勤扣款$$

④ 计算个人缴纳三险一金、公司缴纳四险一金数额。每个地区缴纳基数的上下限额和缴纳比例都有不同的规定，本任务个人缴纳三险一金的比例为 15.5%，公司缴纳四险一金的比例为 30%。

⑤ 计算本期应纳税所得额和个人所得税。创建自定义函数，计算本期应纳税所得额；创建自定义函数，计算个人所得税。

⑥ 计算实发工资。实发工资计算公式为

$$实发工资=应发工资-三险一金(个人)-个人所得税$$

3. 将计算结果保存到新文件"一月份职工薪酬明细表.xlsx"中。

实战演练 2　职工薪酬可视化分析

【任务描述】

根据实战演练一计算职工薪酬的数据，按照任务要求进行分析，并以可视化图表的方式呈现分析结果。

【任务要求】

1. 读取"一月份职工薪酬明细表.xlsx"文件，查看前 5 条数据。

2. 计提工会经费、职工教育经费、职工福利费。

①　计提工会经费计算公式为

$$工会经费 = 应发工资 \times 2\%$$

②　计提职工教育经费计算公式为

$$职工教育经费 = 应发工资 \times 8\%$$

③　计提职工福利费计算公式为

$$职工福利费 = 应发工资 \times 14\%$$

3. 筛选并查看员工编号、姓名、应发工资、工会经费、职工教育经费、职工福利费数据。

4. 绘制部门薪酬支出的柱形图。

5. 自定义百分比函数，按照职工薪酬明细项目汇总公司的职工薪酬支出，计算各项目支出占职工薪酬支出的比例。

6. 绘制职工薪酬项目结构图。

项目7 税收筹划

【实训资料】

税收筹划是指纳税人在税法允许的范围内，以节税为目的，依照税法的具体要求和企业生产经营活动的特点进行事先安排和筹划。纳税筹划遵循的首要原则是合法性。在实际筹划过程中，纳税人的筹划方案可能会被税务机关认定为偷税、漏税。作为财务人员，我们应当遵守职业道德，树立服务社会、报效祖国的远大理想；认真学习税收法律，遵守相关法律法规，做好税收筹划工作，帮助企业合法合规地实现财务管理目标，提升财务管理水平，有效降低税务成本。

固定资产在企业资产中占据着重要的地位，利用固定资产折旧进行合理的税收筹划进而实现税收利益，是企业财务管理的重要内容，更是财务人员必备的一项技能。本项目提供了固定资产折旧税收筹划和固定资产折旧税收筹划可视化两个实训。学生完成实训后，可以将设计的代码进行封装，将来可结合财务工作的需求，通过调用封装的代码，实现固定资产折旧的计算、税收筹划方案的制订和可视化。

【实训目标】

通过本实训，学生应当能够掌握和运用以下知识点。

1. Python 知识点

(1) Pandas 模块。

(2) for…in 循环与 if 多分支结构的嵌套、return 函数、if 双分支结构。

(3) 能够应用自定义函数。

(4) Matplotlib 可视化工具柱形图的应用。

2. 财务知识点

(1) 直线法计提折旧原理、加速折旧法计提折旧原理。

(2) 折旧抵税的原理。

(3) 财务管理现值计算的原理。

【实训要求】

(1) 独立完成实训 7.1。

(2) 独立完成实训 7.2，或者小组合作完成。

实训 7.1　固定资产折旧税收筹划

【任务描述】

甲公司 A 设备的价值为 2 000 万元，预计使用年限为 10 年，净残值率为 0。假设市场年利率水平为 10%，企业所得税税率为 25%，请根据固定资产税收筹划的原理，为 A 设备是按照直线法计提折旧还是按照加速折旧法计提折旧进行决策。

【任务要求】

1. 运用自定义函数，计算直线法下当期折旧金额、累计折旧、当期折旧抵税金额、当期折旧抵税现值金额和累计折旧抵税现值。

2. 运用自定义函数，计算加速折旧法下当期折旧金额、累计折旧、当期折旧抵税金额、当期折旧抵税现值金额和累计折旧抵税现值。

3. 根据固定资产税收筹划的原理，为 A 设备是按照直线法计提折旧还是按照加速折旧法计提折旧进行决策。

【示范代码】

```python
#导入 Pandas 模块
import pandas as pd
#设置输出数据格式为保留 2 位小数
pd.options.display.float_format="{:.2f}".format
#导入 warnings 模块，设置忽略红色警告内容
import warnings
warnings.filterwarnings("ignore")
#自定义直线法折旧函数
def dep_line(amount,life,salvage,benefit,ratio):
    #当期折旧金额
    lose=amount*(1-salvage)/life
    #当期折旧抵税金额
    getback=lose*ratio
    #初始累计折旧抵税现值
    getback_all=0
    list_line = []
    for i in range(1,life+1):
        dicount=1/(1+benefit)**i
        getback_year = getback*dicount
        getback_all=getback_all+getback_year
        list_line.append([i,lose,lose*i,getback,dicount,getback_year,
                        getback_all])
```

```
        return pd.DataFrame(list_line,columns=['年份','当期折旧','累计折旧','当期
折旧抵税','折现系数','当期折旧抵税现值','累计折旧抵税现值'])
#输入参数，用直线法计算折旧额
dt_line = dep_line(2000,10,0,0.1,0.25)
print(dt_line)
#自定义加速折旧法函数
def dep_double(amount,life,salvage,benefit,ratio):
    #初始累计折旧金额
    lose_all = 0
    #初始累计折旧抵税现值
    getback_all=0
    list_double = []
    for i in range(1,life+1):
        if life+1-i>2:
            lose=(amount-lose_all)*2/life
            getback=lose*ratio
            lose_all=lose_all+lose
        elif life+1-i ==2:
            lose = (amount-lose_all-amount*salvage)/2
            getback=lose*ratio
            lose_all=lose_all+lose
        elif life+1-i ==1:
            lose=(amount-lose_all-amount*salvage)
            getback=lose*ratio
            lose_all=lose_all+lose
        else:
            print('已提足折旧额，或者折旧年份错误')
        #计算折旧抵税现值
        dicount=1/(1+benefit)**i
        getback_year=getback*dicount
        getback_all=getback_all+getback_year
        list_double.append([i,lose,lose_all,getback,dicount,getback_year,
                        getback_all])
    return pd.DataFrame(list_double,columns=['年份','当期折旧','累计折旧','当
期折旧抵税','折现系数','当期折旧抵税现值','累计折旧抵税现值'])
#输入参数，用加速折旧法计算折旧额
dt_double = dep_double(2000,10,0,0.1,0.25)
print(dt_double)
#输出直线法下累计折旧抵税现值
a= dt_line.loc[9,'累计折旧抵税现值']
print('直线法下累计折旧抵税现值为',round(a,2),'元')
#输出加速折旧法下累计折旧抵税现值
b=dt_double.loc[9,'累计折旧抵税现值']
```

```
print('加速折旧法下累计折旧抵税现值为',round(b,2),'元')
#使用 if 双分支结构做出纳税筹划决策，并输出结果
if a-b>0:
    print('该公司应当选择直线法计提折旧，直线法下可以为企业节约',
            round((a-b),2),'元')
else:
    print('该公司应当选择加速折旧法计提折旧，加速折旧法下可以为企业节约',
            round((b-a),2),'元')
```

【运行结果】

运行结果如图 7-1 所示。

```
=============== RESTART: D:\python财务应用\下篇实训例题代码\项目7 税收筹划.py ===============
     年份   当期折旧      累计折旧    当期折旧抵税  折现系数    当期折旧抵税现值    累计折旧抵税现值
0    1  200.00  200.00    50.00   0.91    45.45          45.45
1    2  200.00  400.00    50.00   0.83    41.32          86.78
2    3  200.00  600.00    50.00   0.75    37.57          124.34
3    4  200.00  800.00    50.00   0.68    34.15          158.49
4    5  200.00  1000.00   50.00   0.62    31.05          189.54
5    6  200.00  1200.00   50.00   0.56    28.22          217.76
6    7  200.00  1400.00   50.00   0.51    25.66          243.42
7    8  200.00  1600.00   50.00   0.47    23.33          266.75
8    9  200.00  1800.00   50.00   0.42    21.20          287.95
9    10 200.00  2000.00   50.00   0.39    19.28          307.23
     年份   当期折旧      累计折旧    当期折旧抵税  折现系数    当期折旧抵税现值    累计折旧抵税现值
0    1  400.00  400.00    100.00  0.91    90.91          90.91
1    2  320.00  720.00    80.00   0.83    66.12          157.02
2    3  256.00  976.00    64.00   0.75    48.08          205.11
3    4  204.80  1180.80   51.20   0.68    34.97          240.08
4    5  163.84  1344.64   40.96   0.62    25.43          265.51
5    6  131.07  1475.71   32.77   0.56    18.50          284.01
6    7  104.86  1580.57   26.21   0.51    13.45          297.46
7    8  83.89   1664.46   20.97   0.47    9.78           307.24
8    9  167.77  1832.23   41.94   0.42    17.79          325.03
9    10 167.77  2000.00   41.94   0.39    16.17          341.20
直线法下累计折旧抵税现值为 307.23 元
加速折旧法下累计折旧抵税现值为 341.2 元
该公司应当选择加速折旧法计提折旧，加速折旧法下可以为企业节约 33.97 元
```

图 7-1 固定资产税收筹划

实训 7.2 固定资产折旧税收筹划可视化

【任务描述】

甲公司 A 设备的价值为 2 000 万元，预计使用年限为 10 年，净残值率为 0。假设市场年利率水平为 10%，企业所得税税率为 25%，请根据实训 7.1 固定资产税收筹划的结果，将相关数据进行可视化展现。

【任务要求】

使用 Matplotlib 绘制子图的方式，绘制一张 2 行 1 列的图，子图 1 的位置绘制"不同折旧方法每年累计折旧比较图"，子图 2 的位置绘制"不同折旧方法每年累计折旧抵税现值比较图"，要求如下。

1. 子图 1 的位置绘制"不同折旧方法每年累计折旧比较图"，图形选择折线图，具体的绘制要求如表 7-1 所示。

表 7-1　绘制要求

名　称	标　签	线条宽度	绘图标记
直线法累计折旧	label='直线法累计折旧'	linewidth=2	marker='s'
加速折旧法累计折旧	label='加速折旧法累计折旧'	linewidth=2	marker='x'

2. 子图 2 的位置绘制"不同折旧方法每年累计折旧抵税现值比较图",图形选择柱形图,具体的绘制要求如表 7-2 所示。

表 7-2　绘制要求

名　称	标　签	线条宽度	柱形颜色
直线法累计折旧抵税现值	label='直线法累计折旧抵税现值'	width=0.2	color='b'
加速折旧法累计折旧抵税现值	label='加速折旧法累计折旧抵税现值'	width=0.2	color='y'

【示范代码】

```
#导入 Matplotlib 绘图模块
import matplotlib.pyplot as plt
#设置中文字体为黑体,中文状态下负号正常显示
plt.rcParams['font.family'] = 'SimHei'
plt.rcParams['axes.unicode_minus']=False
#使用 matplotlib 子图方式绘制图形
#定义子图 1 的位置,输出图"不同折旧方法每年累计折旧比较"
plt.subplot(2,1,1)
#根据已知条件绘制直线法累计折旧的折线图
plt.plot(dt_line['年份'],dt_line['累计折旧'],label='直线法累计折旧',
linewidth=2,marker='s')
#根据已知条件绘制加速折旧法累计折旧的折线图
plt.plot(dt_double['年份'],dt_double['累计折旧'],label='加速折旧法累计折旧',
linewidth=2,marker='x')
#设置 x 轴的标签为"年份"
plt.xlabel('年份')
plt.xticks(dt_line['年份'])
#设置图表标题
plt.title('不同折旧方法每年累计折旧比较')
#设置显示图例
plt.legend()
#定义子图 2 的位置,输出图"不同折旧方法每年累计折旧抵税现值比较"
plt.subplot(2,1,2)
#根据已知条件绘制直线法累计折旧抵税现值的柱形图
plt.bar(dt_line['年份']-0.2,dt_line['累计折旧抵税现值'],label='直线法累计折旧
抵税现值',width=0.2)
#根据已知条件绘制加速折旧法累计折旧抵税现值的柱形图
plt.bar(dt_double['年份'],dt_double['累计折旧抵税现值'],label='加速折旧法累计
折旧抵税现值',width=0.2)
```

```
#设置 x 轴的标签为"年份"
plt.xlabel('年份')
plt.xticks(dt_line['年份'])
#设置图表标题
plt.title('不同折旧方法每年累计折旧抵税现值比较')
#设置显示图例
plt.legend()
#输出图
plt.show()
```

【运行结果】

运行结果如图 7-2 所示。

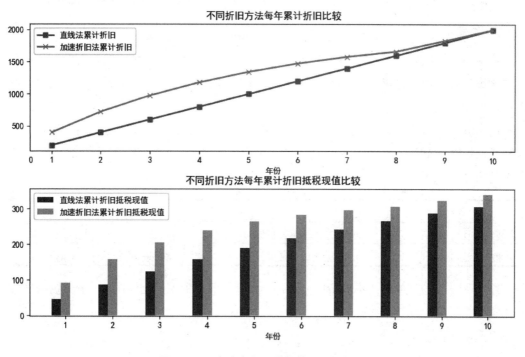

图 7-2 固定资产折旧税收筹划可视化图

实战演练 1 固定资产折旧税收筹划

【任务描述】

为智云公司 X 设备制订一份税收筹划方案。智云公司 X 设备的价值为 48 万元，折旧年限为 20 年，残值率为 5%，企业所得税税率为 25%，企业的资金成本率为 15%。

【任务要求】

1. 自定义函数，用直线法计算当期折旧金额、累计折旧、当期折旧抵税金额、当期折

旧抵税现值金额和累计折旧抵税现值。

2. 自定义函数,用加速折旧法计算当期折旧金额、累计折旧、当期折旧抵税金额、当期折旧抵税现值金额和累计折旧抵税现值。

3. 根据固定资产税收筹划的原理,为 X 设备是按照直线法计提折旧还是按照加速折旧法计提折旧进行决策。

实战演练 2　固定资产折旧税收筹划可视化

【任务描述】

根据实战演练一直线法和加速折旧法计算的结果,将相关数据进行可视化展现。

【任务要求】

使用 Matplotlib 绘制子图的方式,绘制一张 2 行 1 列的图,子图 1 的位置绘制"不同折旧方法每年累计折旧比较图",子图 2 的位置绘制"不同折旧方法每年累计折旧抵税现值比较图",要求如下。

1. 子图 1 的位置绘制"不同折旧方法每年累计折旧比较图",图形选择折线图,具体的绘制要求如表 7-3 所示。

表 7-3　绘制要求

名　称	标　签	线条宽度	绘图标记
直线法累计折旧	label='直线法累计折旧'	linewidth=2	marker='s'
加速折旧法累计折旧	label='加速折旧法累计折旧'	linewidth=2	marker='x'

2. 子图 2 的位置绘制"不同折旧方法每年累计折旧抵税现值比较图",图形选择柱形图,具体的绘制要求如表 7-4 所示。

表 7-4　绘制要求

名　称	标　签	线条宽度	柱形颜色
直线法累计折旧抵税现值	label='直线法累计折旧抵税现值'	width=0.2	自定义
加速折旧法累计折旧抵税现值	label='加速折旧累计折旧抵税现值'	width=0.2	自定义

项目 8　项目投资决策

【实训资料】

投资活动是企业财务活动的核心，正确的投资决策可以赚取高额的投资回报，错误的投资决策则会给企业造成损失，严重时甚至会导致经营失败。企业进行项目投资前，必须先对项目进行可行性分析与评价。企业投资项目的选择绝不是漫无目的的，而是应该根据企业既定的投资战略目标，以自身投资能力为基础，围绕企业核心竞争力进行项目决策。没有方向性的项目选择，不仅浪费大量的财力、物力，而且往往无法发现真正适合企业的项目，错失良好的投资时机，正如个人的发展一定要和国家的发展紧密联系在一起，个人理想的追求要融入党和国家事业之中一样。

净现值法是企业项目投资决策的基本评价方法，更符合企业价值最大化的财务管理目标。本项目提供了净现值法和投资回收期两个实训，能够训练学生熟练运用净现值法和投资回收期的财务管理知识进行决策的能力。

【实训目标】

通过本实训，学生应当能够掌握和运用以下知识点。

1. Python 知识点

(1) Pandas 数据分析。

(2) if 双分支结构。

(3) for…in 循环和 if 双分支结构的嵌套。

(4) continue 函数的应用。

(5) 自定义函数的应用。

(6) 字典知识点应用。

2. 财务知识点

(1) 项目现金流量、净现金流量的计算。

(2) 财务管理现值计算的原理。

(3) 计算项目净现值，并判断项目的可行性。

(4) 动态投资回收期和静态投资回收期的原理与计算。

【实训要求】

(1) 独立完成实训 8.1。

(2) 独立完成实训 8.2，或者小组合作完成。

实训 8.1　净现值法

【任务描述】

F 公司正考虑是否投资购买甲设备的项目，该设备价值为 925 000 元，使用寿命为 5 年。甲设备按照直线法计提折旧，无残值。使用该设备每年可节省税前 360 000 元的成本，而且该设备可以一次性节省 125 000 元的营运资本投资。在第 5 年年末，该设备的市场价值为 90 000 元。F 公司适用的所得税税率为 35%，项目资本成本为 10%。

【任务要求】

1. 计算该项目每年的税后现金净流量。
2. 计算该项目的净现值，判断该项目是否应购买并说明原因。

【示范代码】

```python
#1.计算该项目每年的税后现金净流量
#导入 Pandas 模块
import pandas as pd
#将数据输出格式设置为保留两位小数
pd.options.display.float_format = '{:.2f}'.format
#根据已知条件，计算每年的现金净流量
data0=-925000+125000
data1=360000*(1-0.35)+(925000/5)*0.35
data2=data1
data3=data1
data4=data1
a=90000-(90000-0)*0.35
data5=data1+a-125000
#将现金净流量设置为字典
data = {'现金净流量':[data0,data1,data2,data3,data4,data5]}
#将字典转换为pandas格式
df = pd.DataFrame(data)
#输出结果
print(df)
#2.计算该项目的净现值，判断该项目是否可行并说明原因
#计算折现系数
df['折现系数']=(1+0.1)**(-df.index)
#计算折现现金净流量
df['折现现金净流量']=df['现金净流量']*df['折现系数']
#计算项目净现值
npv=format(df['折现现金净流量'].sum(),'.2f')
print('项目净现值NPV为：',npv,"元")
```

```
#使用if双分支结构判断该项目是否可行，说明原因，并输出结果
if float(npv)>=0:
    print('由于净现值大于0，表明可以增加股东财富，故该项目可行。')
else:
    print('由于净现值小于0，表明不能增加股东财富，故该项目不可行。')
```

【运行结果】

运行结果如图 8-1 所示。

```
============
              现金净流量
0  -800000.00
1   298750.00
2   298750.00
3   298750.00
4   298750.00
5   232250.00
              现金净流量    折现系数
0  -800000.00  1.00
1   298750.00  0.91
2   298750.00  0.83
3   298750.00  0.75
4   298750.00  0.68
5   232250.00  0.62
              现金净流量    折现系数      折现现金净流量
0  -800000.00  1.00  -800000.00
1   298750.00  0.91   271590.91
2   298750.00  0.83   246900.83
3   298750.00  0.75   224455.30
4   298750.00  0.68   204050.27
5   232250.00  0.62   144208.98
项目净现值NPV为： 291206.28
由于净现值大于0，表明可以增加股东财富，故该项目可行。
>>>
```

图 8-1　净现值法

实训 8.2　投资回收期

【任务描述】

星海财务咨询公司打算投资 Y 项目，运用财务管理的知识，借助 Python 软件，完成对 Y 项目的评价。Y 项目的资本成本为 10%，项目相关的数据如表 8-1 所示。

表 8-1　Y 项目数据

单位：万元

年份	0	1	2	3
现金流量	−9 000	1 200	6 000	6 000

【任务要求】

1. 自定义净现值计算函数，并判断项目的可行性。

2. 传入数据，并计算动态投资回收期和静态投资回收期。

3. 分析静态投资回收期和动态投资回收期的优缺点。

4. (选做)资源包中提供了挑战版的投资回收期的代码编写，即要求在自定义函数中设置计算动态投资回收期和静态投资回收期的代码。后续在调用自定义函数时，直接计算出结果。(资源包位置：资源包\下篇实训)

【示范代码】

```python
#导入 Pandas 模块
import pandas as pd
#将数据输出格式设置为保留两位小数
pd.options.display.float_format = '{:.2f}'.format
#1.自定义计算项目净现值的函数
def npv(x0,x1,x2,x3,y):
    data = {'现金净流量':[x0,x1,x2,x3]}
    df = pd.DataFrame(data)
    df['折现系数']=(1+y)**(-df.index)
    df['折现现金净流量']=df['现金净流量']*df['折现系数']
    npv1=format(df['折现现金净流量'].sum(),'.2f')
    print('项目净现值 NPV 为：',npv1)
    if float(npv1)>=0:
        print('由于净值大于 0，表明可以增加股东财富，故该项目可行。')
    else:
        print('由于净值小于 0，表明不能增加股东财富，故该项目不可行。')
    #计算折现现金净流量累计和
    df['折现现金净流量累计和']=df['折现现金净流量'].cumsum()
    print(df)
    #计算现金净流量累计和
    df['现金净流量累计和']=df['现金净流量'].cumsum()
    print(df)
#2.调用自定义函数，并传递参数
npv(-9000,1200,6000,6000,0.1)
#3.计算动态投资回收期
year = 2+2950.41/4507.89
print('该项目的动态投资回收期为',round(year,2),'年')
#4.计算静态投资回收期
year1 = 2+1800/6000
print('该项目的静态投资回收期为',round(year1,2),'年')
```

【运行结果】

运行结果如图 8-2 所示。

```
==============
    现金净流量
0    -9000
1     1200
2     6000
3     6000
    现金净流量   折现系数
0    -9000   1.00
1     1200   0.91
2     6000   0.83
3     6000   0.75
    现金净流量   折现系数   折现现金净流量
0    -9000   1.00   -9000.00
1     1200   0.91    1090.91
2     6000   0.83    4958.68
3     6000   0.75    4507.89
项目净现值NPV为:    1557.48
由于净现值大于0，表明可以增加股东财富，故该项目可行。
    现金净流量   折现系数   折现现金净流量   折现现金净流量累计和
0    -9000   1.00   -9000.00      -9000.00
1     1200   0.91    1090.91      -7909.09
2     6000   0.83    4958.68      -2950.41
3     6000   0.75    4507.89       1557.48
    现金净流量   折现系数   折现现金净流量   折现现金净流量累计和   现金净流量累计和
0    -9000   1.00   -9000.00      -9000.00         -9000
1     1200   0.91    1090.91      -7909.09         -7800
2     6000   0.83    4958.68      -2950.41         -1800
3     6000   0.75    4507.89       1557.48          4200
该项目的动态投资回收期为 2.65 年
该项目的静态投资回收期为 2.3 年
>>> |
```

图 8-2　投资回收期

实战演练 1　净现值法下的设备更新项目投资决策

【任务描述】

Q 公司目前使用的旧设备面临淘汰，财务部安排李露参与公司的设备更新项目投资决策工作。现有两个备选方案可供选择。

方案 1：购买一台新的机器。该机器的成本为 100 万元，有效使用时间为 5 年。在未来 5 年，每年可以节省劳动力成本 10 万元。根据税法规定，该设备使用直线法按照 5 年计提折旧，5 年后残值为 0。购买机器的另一动机在于，Q 公司可以从已提完折旧的机器以旧换新中获得 5 万元的补偿(免税)。

方案 2：将正在完成的任务外包。Q 公司可以把这项任务外包给 LM 公司，并在未来 5 年内每年支付 20 万元。

Q 公司适用的所得税税率为 40%，公司项目资本成本为 10%，公司产品的适销期为 5 年。

【任务要求】

计算两个方案现金流出的总现值，并进行决策。

实战演练 2　净现值法下的 TMN 项目可行性分析

【任务描述】

甲公司是一家从事多元化经营的大型国有企业，最近三年净资产收益率平均超过 10%，经营现金流入持续保持较高水平。2022 年，公司董事会经过研究认为，TMN 项目的市场前景较好，授权公司投资部研究该项目的财务可行性。

TMN 项目的有关资料如下。

(1) 寿命期：6 年。

(2) 设备工程：预计投资 2 000 万元，该工程承包给另外的公司。该工程将于 2022 年 6 月底完工，工程款于完工时一次性支付。该设备可使用年限为 6 年，报废时无残值收入。按照税法规定，该类设备折旧年限为 4 年，使用直线法计提折旧，残值率为 10%。

(3) 厂房工程：利用现有闲置厂房。该厂房原价为 6 000 万元，账面价值为 3 000 万元，目前变现价值为 1 000 万元，但公司为了不影响公司其他项目的正常生产，未来 6 年不允许出售或出租厂房。该厂房需要在投入使用前进行一次装修，在投产运营 3 年后再进行一次装修，每次装修费预计要 300 万元。首次装修费在 2022 年 6 月底支付，第二次装修费在 2025 年 6 月底支付。装修费在受益期内平均摊销。

(4) 营运资本：为维持项目的运转，项目需要在投产时投入营运资本。一部分利用因转产而拟出售的材料，该材料购入价值为 100 万元，目前市场价值为 50 万元(假设 6 年后的变现价值和账面价值均与现在一致)；另一部分为投入的现金 350 万元。

(5) 收入与成本：TMN 项目预计 2022 年 6 月底投产，每年收入 2 800 万元，每年付现成本为 2 000 万元。

(6) 公司所得税税率为 30%。

(7) 项目资本成本为 15%。

【任务要求】

1. 计算项目的初始投资。
2. 计算项目投产后各年的净现金流量。
3. 运用净现值法评价该项目的可行性。

实战演练 3　投资回收期法下的项目投资决策

【任务描述】

智慧财务咨询服务公司打算投资 W 项目，已知 W 项目的资本成本为 10%，其他有关资料如表 8-2 所示。

表 8-2　项目现金净流量

单位：元

年份	0	1	2
现金净流量	−20 000	11 800	13 240

【任务要求】

1. 自定义净现值计算函数，并判断项目的可行性。

2. 传入数据，并计算动态投资回收期和静态投资回收期。

3. 分析静态投资回收期和动态投资回收期的优缺点。

4. (选做)在自定义函数中，设置计算动态投资回收期和静态投资回收期的代码，后续在调用自定义函数时，直接计算出结果。

项目9 上市公司财务报表分析

【实训资料】

财务报表分析是指对企业财务报表提供的数据进行加工、分析、比较和评价。通过财务报表分析可以判断企业财务状况是否良好，经营管理是否健全，企业业务前景是否光明；同时，通过分析还可以找出企业经营管理的症结，提出解决问题的方法。财务报表分析不仅是企业财务管理的重要职能，更与社会经济生活中的各大参与主体的切身利益以及资本市场的良好运转有着休戚相关的联系。财务报表的真实性体现着财务工作者的职业素养和道德水平，更影响着社会的发展与进步。作为财务人员，我们应当严格遵守《中华人民共和国会计法》《会计人员职业道德规范》等国家法律法规的要求，做到坚持自律、守法奉公，坚持准则、守信敬业，坚持学习、守正创新，践行"三坚三守"的职业特性和价值追求。

本项目提供了北新建材上市公司财务报表分析及可视化实训与同行业对比分析两个实训，通过读取企业财务报表数据，利用 Python 数据分析计算财务指标，并通过 Matplotlib 可视化来进一步评价企业偿债、营运、盈利和成长能力，最终对企业的财务状况和经营成果进行综合判断，形成财务报表综合分析报告。

【实训目标】

通过本实训，学生应当能够掌握和运用以下知识点。

1. Python 知识点

(1) Pandas 数据分析。

(2) if 双分支结构。

(3) for…in 循环和 if 双分支结构的嵌套。

(4) continue 函数的应用。

(5) 自定义函数的应用。

(6) 字典知识点的应用。

2. 财务知识点

(1) 运用盈利能力、营运能力、成长能力、偿债能力指标计算。

(2) 盈利能力、营运能力、成长能力、偿债能力每个指标的内涵。

(3) 通过可视化的图表来分析企业的盈利能力、营运能力、成长能力、偿债能力。

【实训要求】

每 4 人一组，通过小组协作完成。小组各成员相互协商、分工明确，按照实训要求分析、设计详细代码，调试与修改程序，撰写报告完成实训。

实训 9.1　北新建材财务报表分析及可视化

【任务描述】

北新集团建材股份有限公司(简称北新建材)成立于 1997 年，是中国最大的绿色建筑新材料集团。北新建材公司以"绿色建筑未来"为使命，从绿色原料、绿色生产、绿色建造、绿色应用、绿色回收等环节打造全生命周期的绿色建筑产业链。

星海财务咨询公司安排王刚对北新建材的财务报表进行分析。王刚需要根据北新建材的经营数据情况，从偿债能力、盈利能力、营运能力和成长能力四个方面深度分析北新建材的财务效率，并将分析结果进行可视化展现。实训所需的资料可在本书配套资源包下载。(资源包位置：资源包\下篇实训)

【任务要求】

1. 分析北新建材的盈利能力。

① 计算净资产收益率、总资产报酬率、营业利润率。

② 绘制盈利能力可视化图表。

2. 分析北新建材的营运能力。

① 计算流动资产周转率、存货周转率、总资产周转率。

② 绘制营运能力可视化图表。

3. 分析北新建材的偿债能力。

① 计算短期偿债能力(流动比率、速动比率、现金比率)。

② 计算长期偿债能力(资产负债率、产权比率、权益乘数)。

③ 绘制短期偿债能力和长期偿债能力可视化图表。

4. 分析北新建材的成长能力。

① 计算营业收入增长率、营业利润增长率、净利润增长率。

② 绘制成长能力可视化图表。

【①示范代码(分析北新建材的盈利能力)】

```
#导入 Pandas 和 Numpy 模块
import pandas as pd
import numpy as np
#导入 Matplotlib 模块
```

```
import matplotlib.pyplot as plt
#读取北新建材的利润表数据
excel= pd.read_excel('./北新建材财务数据.xlsx',index_col=u'项目',sheet_name=1)
#输出读取的结果
print(excel)
#将 excel 的格式改为 DataFrame
data=pd.DataFrame(excel)
#显示所有的行和所有的列
pd.set_option('display.max_columns', None)
pd.set_option('display.max_rows', None)
#列中是否存在空值，查找缺失值
temp=data.isnull().any()
#将缺失值改为 0
data.fillna(0,inplace=True)
#读取北新建材的资产负债表数据
excel1=pd.read_excel('./北新建材财务数据.xlsx',index_col=u'项目',sheet_name=0)
#输出读取的结果
print(excel1)
#将 excel 格式改为 DataFrame
data1=pd.DataFrame(excel1)
#判断列中是否存在空值，查找缺失值
temp = data1.isnull().any()
#将缺失值改为 0
data1.fillna(0,inplace=True)
#创建 data2，将计算盈利能力需要的指标增加至 data2 中
data2=pd.DataFrame(data.loc['净利润'])
data2['营业利润']=data.loc['营业利润']
data2['营业总收入']=data.loc['营业总收入']
data2['利润总额']=data.loc['利润总额']
data2['资产总额']=np.array(data1.loc['资产总计'])
data2['负债总额']=np.array(data1.loc['负债合计'])
data2['所有者权益总额']=np.array(data1.loc['所有者权益合计'])
data2['净资产']=data2['资产总额']-data2['负债总额']
print(data2)
#以下计算中均采用期末数
#计算净资产收益率，净资产收益率=净利润÷净资产
data2['净资产收益率']=data2['净利润']/data2['净资产']
#息税前利润总额=利润总额+财务费用
data2['息税前利润总额']=data2['利润总额']+data.loc['财务费用']
#计算总资产报酬率，总资产报酬率=息税前利润总额÷资产总额
data2['总资产报酬率']=data2['息税前利润总额']/data2['资产总额']
#计算营业利润率，营业利润率=营业利润÷营业总收入
```

```
data2['营业利润率']=data2['营业利润']/data2['营业总收入']
#将计算盈利能力指标转置后保存至 data3
data3=data2.T
print(data3)
#将 data3 输出至新的 excel 文件
data3.to_excel('./盈利能力指标.xlsx', sheet_name='盈利能力指标', index=True)
#将计算的净资产收益率、总资产报酬率、营业利润率绘制在一张图里，使用折线图
plt.style.use("ggplot")
#设置中文编码和负号正常显示
plt.rcParams["font.sans-serif"] = "KaiTi"
plt.rcParams["axes.unicode_minus"] = False
#设置绘图自定义函数
def ShowPicture():
    fig = plt.figure(figsize=(10, 6))
    #绘图——净资产收益率
    plt.plot(data3.columns,                      #x 轴数据
            data3.loc['净资产收益率'],            #y 轴数据
            linestyle='-',                       #折线类型
            linewidth=3,                         #折线宽度
            color='steelblue',                   #折线颜色
            marker='o',                          #点的形状
            markersize=8,                        #点的大小
            markeredgecolor='black',             #点的边框色
            markerfacecolor='steelblue',         #点的填充色
            label='净资产收益率')                 #添加标签
    #绘图——总资产报酬率
    plt.plot(data3.columns,                      #x 轴数据
            data3.loc['总资产报酬率'],            #y 轴数据
            linestyle='-',                       #折线类型
            linewidth=3,                         #折线宽度
            color='r',                           #折线颜色
            marker='>',                          #点的形状
            markersize=7,                        #点的大小
            markeredgecolor='black',             #点的边框色
            markerfacecolor='#ff9999',           #点的填充色
            label='总资产报酬率')                 #添加标签
    #绘图——营业利润率
    plt.plot(data3.columns,                      #x 轴数据
            data3.loc['营业利润率'],              #y 轴数据
            linestyle='-',                       #折线类型
            linewidth=2,                         #折线宽度
            color='g',                           #折线颜色
```

```
                marker='s',                           #点的形状
                markersize=7,                         #点的大小
                markeredgecolor='blue',               #点的边框色
                markerfacecolor='#ff9999',            #点的填充色
                label='营业利润率')                    #添加标签
        #添加标题和坐标轴标签
        plt.title('盈利能力分析')
        plt.xlabel('日期')
        plt.ylabel('指标')
        #剔除图框上边界和右边界的刻度
        plt.tick_params(top='off', right='off')
        #获取图的坐标信息
        ax = plt.gca()
        #为了避免 x 轴日期刻度标签重叠，设置 x 轴刻度自动展现，并且 45°倾斜
        fig.autofmt_xdate(rotation=45)
        #显示图例
        plt.legend()
        #显示图形
        plt.show()
#调用绘图自定义函数
ShowPicture()
```

【运行结果】

运行结果如图 9-1 所示。

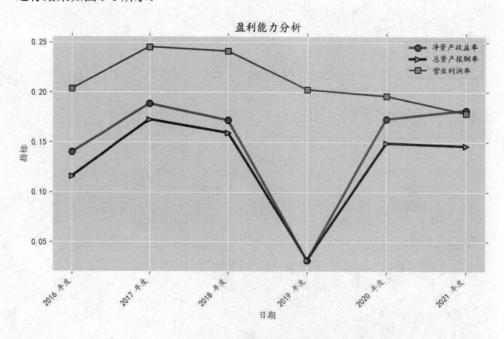

图 9-1　盈利能力分析

【②示范代码(分析北新建材的营运能力)】

```
#导入 Pandas、Numpy 和 Matplotlib 模块
import pandas as pd
import numpy as np
import matplotlib.pyplot as plt
#读取北新建材的利润表数据
excel=pd.read_excel('./北新建材财务数据.xlsx',index_col=u'项目', sheet_name=1)
#将 excel 格式改为 DataFrame
data=pd.DataFrame(excel)
#显示所有的行和列
pd.set_option('display.max_columns', None)
pd.set_option('display.max_rows', None)
#判断列中是否存在空值，查找缺失值
temp = data.isnull().any()
#将缺失值改为 0
data.fillna(0,inplace=True)
#读取北新建材的资产负债表数据
excel1=pd.read_excel('./北新建材财务数据.xlsx',index_col=u'项目',sheet_name=0)
#将 excel 的格式改为 DataFrame
data1=pd.DataFrame(excel1)
#列中是否存在空值，查找缺失值
temp = data1.isnull().any()
#将缺失值改为 0
data1.fillna(0,inplace=True)
#创建 data2，将计算营运能力需要的指标全部放入 data2 中
data2=pd.DataFrame(data.loc['净利润'])
data2['营业总收入']=data.loc['营业总收入']
data2['营业总成本']=data.loc['营业总成本']
data2['资产总额']=np.array(data1.loc['资产总计'])
data2['存货']=np.array(data1.loc['存货'])
data2['流动资产']=np.array(data1.loc['流动资产合计'])
#计算流动资产周转率，流动资产周转率=营业总收入/流动资产
data2['流动资产周转率']=data2['营业总收入']/data2['流动资产']
#计算存货周转率，存货周转率=营业总成本/存货
data2['存货周转率']=data2['营业总成本']/data2['存货']
#计算总资产周转率，总资产周转率=营业总收入/资产总额
data2['总资产周转率']=data2['营业总收入']/data2['资产总额']
#将计算营运能力指标转置后保存至 data3
data3=data2.T
```

185

```
print(data3)
#将data3中的数据保存至excel文件
data3.to_excel('./营运能力指标.xlsx', sheet_name='营运能力指标', index=True)
#将计算的流动资产周转率、存货周转率、总资产周转率绘制在一张图里，使用折线图
#使用plt的ggplot绘图风格
plt.style.use("ggplot")
#设置中文编码和负号正常显示
plt.rcParams["font.sans-serif"] = "KaiTi"
plt.rcParams["axes.unicode_minus"] = False
#设置绘图自定义函数
def ShowPicture():
    fig = plt.figure(figsize=(10, 6))
    #绘图——流动资产周转率
    plt.plot(data3.columns,                        #x轴数据
            data3.loc['流动资产周转率'],            #y轴数据
            linestyle='-',                          #折线类型
            linewidth=3,                            #折线宽度
            color='steelblue',                      #折线颜色
            marker='o',                             #点的形状
            markersize=8,                           #点的大小
            markeredgecolor='black',                #点的边框色
            markerfacecolor='steelblue',            #点的填充色
            label='流动资产周转率')                  #添加标签
    #绘图——存货周转率
    plt.plot(data3.columns,                        #x轴数据
            data3.loc['存货周转率'],                #y轴数据
            linestyle='-',                          #折线类型
            linewidth=3,                            #折线宽度
            color='r',                              #折线颜色
            marker='>',                             #点的形状
            markersize=7,                           #点的大小
            markeredgecolor='black',                #点的边框色
            markerfacecolor='#ff9999',              #点的填充色
            label='存货周转率')                      #添加标签
    #绘图——总资产周转率
    plt.plot(data3.columns,                        #x轴数据
            data3.loc['总资产周转率'],              #y轴数据
            linestyle='-',                          #折线类型
            linewidth=2,                            #折线宽度
            color='b',                              #折线颜色
            marker='s',                             #点的形状
```

```
                markersize=7,                    #点的大小
                markeredgecolor='blue',          #点的边框色
                markerfacecolor='#ff9999',       #点的填充色
                label='总资产周转率')             #添加标签
    #添加标题和坐标轴标签
    plt.title('营运能力分析')
    plt.xlabel('日期')
    plt.ylabel('指标')
    #剔除图框上边界和右边界的刻度
    plt.tick_params(top='off', right='off')
    #获取图的坐标信息
    ax = plt.gca()
    #为了避免 x 轴日期刻度标签重叠，设置 x 轴刻度自动展现，并且 45°倾斜
    fig.autofmt_xdate(rotation=45)
    #显示图例
    plt.legend()
    #显示图形
    plt.show()
#调用绘图函数
ShowPicture()
```

【运行结果】

运行结果如图 9-2 所示。

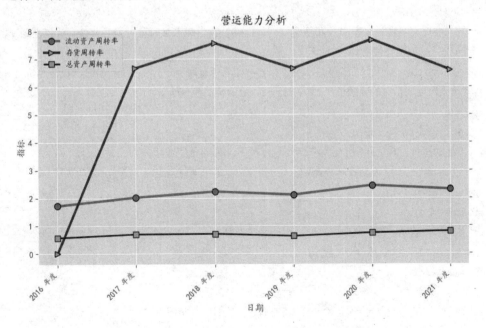

图 9-2　营运能力分析

【③示范代码(分析北新建材的偿债能力)】

```
#导入 Pandas、Numpy、Matplotlib 模块
import pandas as pd
import numpy as np
import matplotlib.pyplot as plt
#读取北新建材的资产负债表数据
excel= pd.read_excel('./北新建材财务数据.xlsx',index_col=u'项目')
#将 excel 格式改为 DataFrame
data=pd.DataFrame(excel)
#显示所有的行和列，并将数据结果保留 2 位小数
pd.set_option('display.max_columns', None)
pd.set_option('display.max_rows', None)
pd.options.display.float_format = '{:.2f}'.format
#判断列中是否存在空值，查找缺失值
temp = data.isnull().any()
#将缺失值改为 0
data.fillna(0,inplace=True)
#删除 2016 年期末的数据
data.drop("2016-12-31", axis=1, inplace=True)
#计算流动比率，流动比率=流动资产合计/流动负债合计
np1=data.loc['流动资产合计']/data.loc['流动负债合计']
np1=np.array(np1)
print('流动比率',np1)
#计算现金比率，现金比率=(货币资金+交易性金融资产+以公允价值计量且其变动计入当期损益的
#金融资产)/流动负债合计
np2=(data.loc["货币资金"]+data.loc["交易性金融资产"]+data.loc["以公允价值计量且
其变动计入当期损益的金融资产"])/data.loc["流动负债合计"]
np2=np.array(np2)
print('现金比率',np2)
#计算速动比率，速动比率=(流动资产合计-存货)/流动负债合计
np3=(data.loc["流动资产合计"]-data.loc["存货"])/data.loc["流动负债合计"]
np3=np.array(np3)
print('速动比率',np3)
#计算资产负债率，资产负债率=负债合计/资产总计
np4=data.loc['负债合计']/data.loc['资产总计']
np4=np.array(np4)
print('资产负债率',np4)
#计算产权比率，产权比率=负债合计/所有者权益合计
np5=data.loc['负债合计']/data.loc['所有者权益合计']
np5=np.array(np5)
```

```
print('产权比率',np5)
#计算权益乘数，权益乘数=资产总计/所有者权益合计
np6=data.loc['资产总计']/data.loc['所有者权益合计']
np6=np.array(np6)
print('权益乘数',np6)
data1={'流动比率':np1, '现金比率':np2,'速动比率':np3,'资产负债率':np4,
       产权比率':np5,'权益乘数':np6}
df2=pd.DataFrame(data1,index=['2017年','2018年','2019年','2020年','2021年'])
df3=df2.T
#将流动比率、现金比率、速动比率、资产负债率、产权比率、权益乘数输出至新的excel文件
df3.to_excel('./偿债能力指标.xlsx',sheet_name='偿债能力指标',index=True)
#将计算的流动比率、现金比率、速动比率绘制在一张图里，使用折线图
plt.style.use("ggplot")
#设置中文编码和负号正常显示
plt.rcParams["font.sans-serif"] = "KaiTi"
plt.rcParams["axes.unicode_minus"] = False
#自定义短期偿债能力绘图函数
def short_term_liquidity():
    fig = plt.figure(figsize=(10, 6))
    #绘图——流动比率
    plt.plot(df3.columns,                        #x轴数据
            df3.loc['流动比率'],                 #y轴数据
            linestyle='-',                        #折线类型
            linewidth=3,                          #折线宽度
            color='steelblue',                    #折线颜色
            marker='o',                           #点的形状
            markersize=8,                         #点的大小
            markeredgecolor='black',              #点的边框色
            markerfacecolor='steelblue',          #点的填充色
            label='流动比率')                     #添加标签
    #绘图——现金比率
    plt.plot(df3.columns,                        #x轴数据
            df3.loc['现金比率'],                 #y轴数据
            linestyle='-',                        #折线类型
            linewidth=3,                          #折线宽度
            color='r',                            #折线颜色
            marker='>',                           #点的形状
            markersize=7,                         #点的大小
            markeredgecolor='black',              #点的边框色
            markerfacecolor='#ff9999',            #点的填充色
            label='现金比率')                     #添加标签
```

189

```
    #绘图——速动比率
    plt.plot(df3.columns,                      #x 轴数据
            df3.loc['速动比率'],                 #y 轴数据
            linestyle='-',                      #折线类型
            linewidth=2,                        #折线宽度
            color='g',                          #折线颜色
            marker='s',                         #点的形状
            markersize=7,                       #点的大小
            markeredgecolor='blue',             #点的边框色
            markerfacecolor='#ff9999',          #点的填充色
            label='速动比率')                    #添加标签
    #添加标题和坐标轴标签
    plt.title('短期偿债能力分析')
    plt.xlabel('日期')
    plt.ylabel('指标')
    #剔除图框上边界和右边界的刻度
    plt.tick_params(top='off', right='off')
    #获取图的坐标信息
    ax = plt.gca()
    #为了避免 x 轴日期刻度标签重叠，设置 x 轴刻度自动展现，并且 45°倾斜
    fig.autofmt_xdate(rotation=45)
    #显示图例
    plt.legend()
    #显示图形
    plt.show()
short_term_liquidity()
#将计算的资产负债率、产权比率、权益乘数绘制在一张图里，使用折线图
#自定义长期偿债能力绘图函数
def long_term_liquidity():
    fig = plt.figure(figsize=(10, 6))
    #绘图——资产负债率
    plt.plot(df3.columns,                      #x 轴数据
            df3.loc['资产负债率'],               #y 轴数据
            linestyle='-',                      #折线类型
            linewidth=3,                        #折线宽度
            color='steelblue',                  #折线颜色
            marker='o',                         #点的形状
            markersize=8,                       #点的大小
            markeredgecolor='black',            #点的边框色
```

```
                    markerfacecolor='steelblue',        #点的填充色
                    label='资产负债率')                    #添加标签
    #绘图——产权比率
    plt.plot(df3.columns,                                #x 轴数据
                    df3.loc['产权比率'],                   #y 轴数据
                    linestyle='-',                       #折线类型
                    linewidth=3,                         #折线宽度
                    color='r',                           #折线颜色
                    marker='>',                          #点的形状
                    markersize=7,                        #点的大小
                    markeredgecolor='black',             #点的边框色
                    markerfacecolor='#ff9999',           #点的填充色
                    label='产权比率')                      #添加标签
    #绘图——权益乘数
    plt.plot(df3.columns,                                #x 轴数据
                    df3.loc['权益乘数'],                   #y 轴数据
                    linestyle='-',                       #折线类型
                    linewidth=2,                         #折线宽度
                    color='g',                           #折线颜色
                    marker='s',                          #点的形状
                    markersize=7,                        #点的大小
                    markeredgecolor='blue',              #点的边框色
                    markerfacecolor='#ff9999',           #点的填充色
                    label='权益乘数')                      #添加标签
    #添加标题和坐标轴标签
    plt.title('长期偿债能力分析')
    plt.xlabel('日期')
    plt.ylabel('指标')
    #剔除图框上边界和右边界的刻度
    plt.tick_params(top='off', right='off')
    #获取图的坐标信息
    ax = plt.gca()
    #为了避免 x 轴日期刻度标签重叠, 设置 x 轴刻度自动展现, 并且 45° 倾斜
    fig.autofmt_xdate(rotation=45)
    #显示图例
    plt.legend()
    #显示图形
    plt.show()
long_term_liquidity()
```

【运行结果】

运行结果如图 9-3、图 9-4 所示。

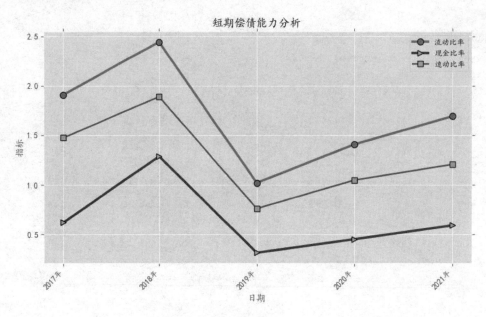

图 9-3　短期偿债能力分析

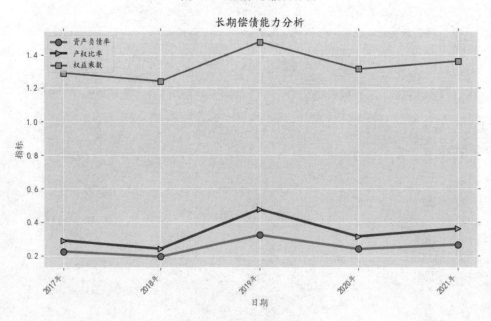

图 9-4　长期偿债能力分析

【④示范代码(分析北新建材的成长能力)】

```
#导入 Pandas、Numpy 和 Matplotlib 模块
import pandas as pd
```

```
import numpy as np
import matplotlib.pyplot as plt
#读取北新建材的利润表数据
excel= pd.read_excel('./北新建材财务数据.xlsx',index_col=u'项目',sheet_name=1)
#将 excel 格式改为 DataFrame
data=pd.DataFrame(excel)
pd.set_option('display.max_columns', None)
pd.set_option('display.max_rows', None)
#判断列中是否存在空值，查找缺失值
temp = data.isnull().any()
#将缺失值改为 0
data.fillna(0,inplace=True)
#从利润表中提取营业总收入、营业利润、净利润
data2=pd.DataFrame(data.loc['净利润'])
data2['营业利润']=data.loc['营业利润']
data2['营业总收入']=data.loc['营业总收入']
data2['利润总额']=data.loc['利润总额']
#先创建几个空的 list 变量，用于存放后面的数据
np1=[]
np2=[]
np3=[]
np4=[]
np5=[]
np6=[]
for i in range(len(data2['利润总额'])-1):
    #计算营业总收入增长额，营业总收入增长额=本年营业总收入-上年营业总收入
    np1=np.append(np1,data2['营业总收入'][i+1]-data2['营业总收入'][i])
    #计算营业利润增长额，营业利润增长额=本年营业利润-上年营业利润
    np2=np.append(np2,data2['营业利润'][i+1]-data2['营业利润'][i])
    #计算净利润增长额，净利润增长额=本年净利润-上年净利润
    np3 = np.append(np3, data2['净利润'][i+1] - data2['净利润'][i])
    #计算营业总收入增长率，营业收入增长率=营业总收入增长额/上年营业总收入
    np4= np.append(np4,np1[i]/data2['营业总收入'][i])
    #计算营业利润增长率，营业利润增长率=营业利润增长额/上年营业利润
    np5=np.append(np5,np2[i]/data2['营业利润'][i])
    #计算净利润增长率，净利润增长率=净利润增长额/上年净利润
    np6=np.append(np6,np3[i]/data2['净利润'][i])
#将计算结果进行整理
data2.loc[data2.index[[1,2, 3, 4,5]], '营业总收入增长额'] = np1.reshape((5, 1))
data2.loc[data2.index[[1,2, 3, 4,5]], '营业利润增长额'] = np2.reshape((5, 1))
data2.loc[data2.index[[1,2, 3, 4,5]], '净利润增长额'] = np3.reshape((5, 1))
data2.loc[data2.index[[1,2, 3, 4,5]], '营业收入增长率'] = np4.reshape((5, 1))
data2.loc[data2.index[[1,2, 3, 4,5]], '营业利润增长率'] = np5.reshape((5, 1))
```

```
data2.loc[data2.index[[1,2, 3, 4,5]], '净利润增长率'] = np6.reshape((5, 1))
data3=data2.T
print(data3)
#将营业总收入、营业利润、净利润、营业收入增长率、营业利润增长率、净利润增长率输出至新的
#excel 文件
data3.to_excel('./成长能力指标.xlsx', sheet_name='成长能力指标', index=True)
#将计算的营业收入增长率、营业利润增长率、净利润增长率绘制在一张图里，使用折线图
plt.style.use("ggplot")
#设置中文编码和负号正常显示
plt.rcParams["font.sans-serif"] = "KaiTi"
plt.rcParams["axes.unicode_minus"] = False
#设置自定义函数
def ShowPicture():
    fig = plt.figure(figsize=(10, 6))
    #绘图——营业收入增长率
    plt.plot(data3.columns,                      #x 轴数据
            data3.loc['营业收入增长率'],          #y 轴数据
            linestyle='-',                        #折线类型
            linewidth=3,                          #折线宽度
            color='steelblue',                    #折线颜色
            marker='o',                           #点的形状
            markersize=8,                         #点的大小
            markeredgecolor='black',              #点的边框色
            markerfacecolor='steelblue',          #点的填充色
            label='营业收入增长率')               #添加标签
    #绘图——营业利润增长率
    plt.plot(data3.columns,                      #x 轴数据
            data3.loc['营业利润增长率'],          #y 轴数据
            linestyle='-',                        #折线类型
            linewidth=3,                          #折线宽度
            color='r',                            #折线颜色
            marker='>',                           #点的形状
            markersize=8,                         #点的大小
            markeredgecolor='black',              #点的边框色
            markerfacecolor='#ff9999',            #点的填充色
            label='营业利润增长率')               #添加标签
    #绘图——净利润增长率
    plt.plot(data3.columns,                      #x 轴数据
            data3.loc['净利润增长率'],            #y 轴数据
            linestyle='-',                        #折线类型
            linewidth=3,                          #折线宽度
            color='b',                            #折线颜色
```

```
        marker='s',                      #点的形状
        markersize=8,                    #点的大小
        markeredgecolor='blue',          #点的边框色
        markerfacecolor='#ff9999',       #点的填充色
        label='净利润增长率')              #添加标签
#添加标题和坐标轴标签
plt.title('成长能力分析')
plt.xlabel('日期')
plt.ylabel('指标')
#剔除图框上边界和右边界的刻度
plt.tick_params(top='off', right='off')
#获取图的坐标信息
ax = plt.gca()
#为了避免 x 轴日期刻度标签重叠，设置 x 轴刻度自动展现，并且 45°倾斜
fig.autofmt_xdate(rotation=45)
#显示图例
plt.legend()
#显示图形
plt.show()
ShowPicture()
```

【运行结果】

运行结果如图 9-5 所示。

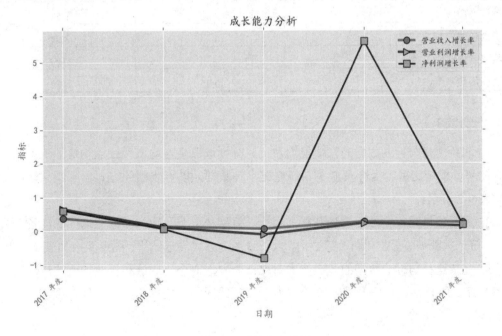

图 9-5　成长能力分析

实训 9.2　北新建材同行业对比分析及可视化

【任务描述】

星海财务咨询公司安排王刚对北新建材同行业数据进行对比分析，即王刚需要根据北新建材 2017—2021 年的财务指标的均值，与同行业的相关指标均值进行对比分析，找出北新建材与同行业的差距，深入了解北新建材自身的优势与不足。北新建材同行业相关指标数据如表 9-1 所示。实训所需的资料可在本书配套资源包中下载。(资源包位置：资源包\下篇实训)

表 9-1　北新建材同行业相关指标数据

单位：%

财务指标	企业均值	行业均值
流动比率	1.69	1.69
速动比率	1.28	1.44
现金比率	0.65	0.55
资产负债率	0.25	0.41
产权比率	1.09	0.78
净资产收益率	0.16	0.18
总资产报酬率	0.12	0.09
营业利润率	0.21	0.16
流动资产周转率	2.36	1.58
存货周转率	6.28	7.91
应收账款周转率	58.38	21.56
总资产周转率	0.75	0.82

【任务要求】

1. 北新建材与行业数据的偿债能力对比。分别选取企业均值和行业均值的流动比率、速冻比率、现金比率、资产负债率、产权比率等数据，以折线图的方式展示结果，图形要求如表 9-2 所示。

2. 北新建材与行业数据的盈利能力对比。分别选取企业均值和行业均值的净资产收益率、总资产报酬率、营业利润率等数据，以折线图的方式展示结果，图形要求如表 9-2 所示。

3. 北新建材与行业数据的营运能力对比。分别选取企业均值和行业均值的流动资产周转率、存货周转率、总资产周转率等数据，以折线图的方式展示结果，图形要求如表 9-2 所示。

表 9-2　折线图图形要求

项　　目	企业均值	行业均值
折线类型	linestyle='-'	linestyle='-'
折线宽度	linewidth=2	linewidth=2
折线颜色	color='steelblue'	color='red'
点的形状	marker='o'	marker='o'
点的大小	markersize=6	markersize=2
点的边框色	markeredgecolor=' black'	markeredgecolor=' black'
点的填充色	markerfacecolor='steelblue'	markerfacecolor=' #ff9999'
标签名称	label='企业均值'	label='行业均值'

4. (选做)将流动比率、速冻比率、现金比率、资产负债率、产权比率作为一组数据进行可视化展现，通过雷达图的方式分别展示企业均值和行业均值的结果。可以查看本书配套资源包提供的示范代码，运行代码并体会用雷达图展示数据结果。(资源包位置：资源包\下篇实训)

【示范代码】

```python
#导入 Pandas 和 Numpy 模块
import pandas as pd
import numpy as np
#导入 matplotlib.pyplot 模块
import matplotlib.pyplot as plt
#设置中文字体为黑体，中文状态下负号正常显示
plt.rcParams['font.family'] = 'SimHei'
plt.rcParams['axes.unicode_minus'] =False
#读取北新建材同行业指标表数据
excel= pd.read_excel('./北新建材同行业指标.xlsx',sheet_name='同行业对比指标')
#将 excel 格式改为 DataFrame
data=pd.DataFrame(excel)
pd.set_option('display.max_columns', None)
pd.set_option('display.max_rows', None)
#画折线图函数
def ShowLinePicture(list,t):
    plt.style.use("ggplot")
    #设置中文编码和符号的正常显示
    plt.rcParams["font.sans-serif"] = "KaiTi"
    plt.rcParams["axes.unicode_minus"] = False
    df = data[list]
    fig = plt.figure(figsize=(10, 6))
    #绘图——企业均值
```

```python
    plt.plot(df.columns[0:],              #x 轴数据
            df.iloc[0, :],                #y 轴数据
            linestyle='-',                #折线类型
            linewidth=2,                  #折线宽度
            color='steelblue',            #折线颜色
            marker='o',                   #点的形状
            markersize=8,                 #点的大小
            markeredgecolor='black',      #点的边框色
            markerfacecolor='steelblue',  #点的填充色
            label='企业均值')              #添加标签
    #绘图——行业均值
    plt.plot(df.columns[0:],              #x 轴数据
            df.iloc[1, :],                #y 轴数据
            linestyle='-',                #折线类型
            linewidth=4,                  #折线宽度
            color='r',                    #折线颜色
            marker='s',                   #点的形状
            markersize=8,                 #点的大小
            markeredgecolor='black',      #点的边框色
            markerfacecolor='#ff9999',    #点的填充色
            label='行业均值')              #添加标签
    #添加标题和坐标轴标签
    plt.title(t)
    plt.xlabel('指标类型')
    plt.ylabel('指标数据')
    #剔除图框上边界和右边界的刻度
    plt.tick_params(top='off', right='off')
    #获取图的坐标信息
    ax = plt.gca()
    #为了避免 x 轴日期刻度标签重叠，设置 x 轴刻度自动展现，并且 45°倾斜
    fig.autofmt_xdate(rotation=45)
    #显示图例
    plt.legend()
    #显示图形
    plt.show()
#程序从这里开始运行(作为启动 py 文件的主函数入口)
if __name__ == "__main__" :
    list1 = ['流动比率', '速动比率', '现金比率', '资产负债率', '产权比率']
    t1='偿债能力同行业分析'
    list2= ['净资产收益率', '总资产报酬率', '营业利润率']
    t2='盈利指标同行业分析'
    list3=[ '流动资产周转率', '存货周转率','应收账款周转率','总资产周转率']
    t3='营运指标同行业分析'
    #将流动比率、速冻比率、现金比率、资产负债率、产权比率画在一张图里，使用折线图
    ShowLinePicture(list1,t1)
```

```
#将净资产收益率、总资产报酬率、营业利润率画在一张图里，使用折线图
ShowLinePicture(list2,t2)
#将流动资产周转率、存货周转率、应收账款周转率、总资产周转率画在一张图里，使用折线图
ShowLinePicture(list3,t3)
```

【运行结果】

运行结果如图9-6～图9-8所示。

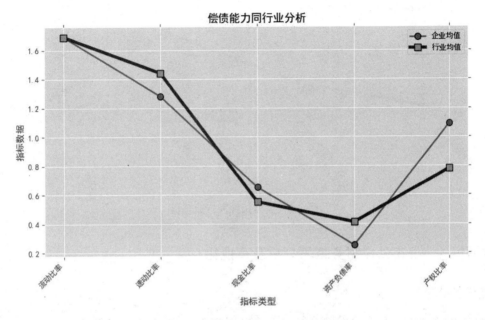

图 9-6　偿债能力同行业分析

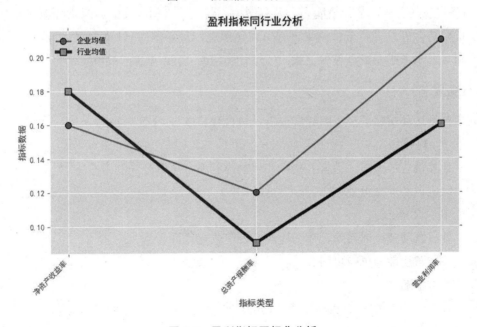

图 9-7　盈利指标同行业分析

Python 财务应用(微课版)

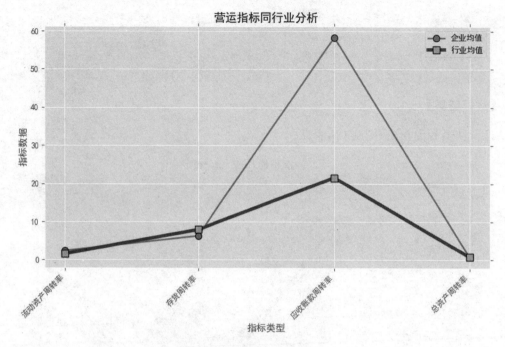

图 9-8　营运指标同行业分析

实战演练 1　上市公司财务报表分析及可视化

【任务描述】

智慧财务咨询服务公司安排李露完成对国家电投集团远达环保股份有限公司(简称远达环保)财务报表的分析。从偿债能力、盈利能力、营运能力和成长能力四个方面深度分析远达环保的财务效率，并将分析结果进行可视化展现，最后撰写一份财务分析报告。实训所需的资料可在本书配套资源包中下载。(资源包位置：资源包\实战演练)

【任务要求】

完成对远达环保财务报表的综合分析及可视化。

1. 分析盈利能力。

①　计算销售净利率、销售毛利率、权益净利率、总资产净利率。

②　绘制盈利能力可视化图表。

2. 分析营运能力。

①　计算流动资产周转率、存货周转率、应收账款周转率。

②　绘制营运能力可视化图表。

3. 分析偿债能力。

①　计算短期偿债能力(流动比率、速动比率、现金比率)、长期偿债能力(资产负债率、产权比率、权益乘数)。

②　绘制偿债能力可视化图表。

4. 分析成长能力。

①　计算主营业务增长率、主营利润增长率、净利润增长率。

②　绘制成长能力可视化图表。

实战演练 2　上市公司同行业对比分析及可视化

【任务描述】

李露需要对远达环保同行业进行分析，即根据最近 5 年财务指标的均值，将同行业的相关指标均值进行对比分析，找出远达环保与同行业的差距，深入了解远达环保自身的优势与不足，最后撰写一份同行业对比财务分析报告。

【任务要求】

根据上市公司的同行业指标数据表，完成以下任务。

1. 远达环保与行业数据的偿债能力对比。分别选取企业均值和行业均值的流动比率、速冻比率、现金比率、资产负债率、产权比率数据，通过折线图的方式分别展现企业均值和行业均值的结果，以折线图的方式展示结果，图形的绘制要求如表 9-3 所示。

2. 远达环保与行业数据的盈利能力对比。分别选取企业均值和行业均值的净资产收益率、总资产报酬率、营业利润率数据，以折线图的方式展示，图形的绘制要求如表 9-3 所示。

3. 远达环保与行业数据的营运能力对比。分别选取企业均值和行业均值的流动资产周转率、存货周转率、总资产周转率数据，以折线图的方式展示，图形的绘制要求如表 9-3 所示。

表 9-3　折线图图形的绘制要求

项　　目	企业均值	行业均值
折线类型	linestyle='-'	linestyle='-'
折线宽度	linewidth=2	linewidth=2
折线颜色	color='steelblue'	color='red'
点的形状	marker='o'	marker='s'
点的大小	markersize=6	markersize=2
点的边框色	markeredgecolor='black'	markeredgecolor='black'
点的填充色	markerfacecolor='steelblue'	markerfacecolor='#ff9999'
标签名称	label='企业均值'	label='行业均值'

参 考 文 献

[1] 中共中央宣传部. 习近平新时代中国特色社会主义思想学习纲要[M]. 北京：人民出版社，2023.

[2] 习近平. 习近平谈治国理政(第四卷)[M]. 北京：外文出版社，2022.

[3] 吴晓霞，孙斌，蔡理强. Python 开发与财务应用[M]. 北京：人民邮电出版社，2022.

[4] 李建军. 大数据应用基础(微课版)[M]. 北京：人民邮电出版社，2022.

[5] 埃里克·马瑟斯. Python 编程从入门到实践[M]. 袁国忠，译. 北京：人民邮电出版社，2022.

[6] 明日科技. Python 从入门到精通[M]. 北京：清华大学出版社，2021.

[7] 孔祥维，王明征，等. 数字经济下"新商科"数智化本科课程建设的实践与探索[J]. 中国大学教学，2022(8)：31-36.

[8] 王国辉，李磊，冯春龙. Python 从入门到项目实践[M]. 长春：吉林大学出版社，2018.

[9] 陈红阳，孙宝钢，等. "Python 程序设计"课程思政元素探析与应用[J]. 电脑与信息技术，2022(12)：114-118.

[10] 唐大鹏，王伯伦，刘翌晨. "数智"时代会计教育重构供需矛盾与要素创新[J]. 会计研究，2020(12)：180-182.